金融法律与市场监管：
维护市场秩序与促进经济繁荣

马　哲◎著

汕頭大學出版社

图书在版编目（CIP）数据

金融法律与市场监管：维护市场秩序与促进经济繁
荣 / 马哲著. -- 汕头：汕头大学出版社，2024. 12.
ISBN 978-7-5658-5473-6

Ⅰ. D922. 280. 4；F832

中国国家版本馆 CIP 数据核字第 2024QG3783 号

金融法律与市场监管 ：维护市场秩序与促进经济繁荣
JINRONG FALÜ YU SHICHANG JIANGUAN ：WEIHU SHICHANG ZHIXU YU CUJIN JINGJI FANRONG

作　者：马　哲

责任编辑：闵国妹

责任技编：黄东生

封面设计：郜娇建

出版发行：汕头大学出版社

　　　　　广东省汕头市大学路 243 号汕头大学校园内　邮政编码：515063

电　话：0754-82904613

印　刷：三河市燕春印务有限公司

开　本：710mm×1000 mm　1/16

印　张：12

字　数：195 千字

版　次：2024 年 12 月第 1 版

印　次：2025 年 1 月第 1 次印刷

定　价：59.80 元

ISBN 978-7-5658-5473-6

前　言

　　金融市场的稳定对于任何国家的经济发展至关重要。金融法律和市场监管是确保这种稳定的关键工具。它们不仅影响着投资者的信心和金融市场的效率，还直接关系到经济的公平性和包容性。在金融全球化的今天，了解和掌握金融法律与市场监管的知识，对于保护消费者权益、防范金融风险、促进经济繁荣具有重大意义。

　　在 21 世纪的金融领域，法律与监管无疑是保障市场健康运行的两大支柱。随着全球经济一体化的不断深入，金融市场的复杂性和互联性日益增强，金融法律与市场监管面临着前所未有的挑战与机遇。尤其自 2008 年全球金融危机以来，全球金融市场经历了剧烈的波动与变革。金融科技的迅猛发展，尤其是区块链、大数据、人工智能等新兴技术的应用，不仅极大地提高了金融服务的效率和质量，也带来了一系列新的监管难题。如何在促进金融创新的同时有效防范金融风险，成为各国监管机构必须面对的问题。

　　中国作为世界上最大的发展中国家，其金融市场的快速发展和对外开放，对金融法律与市场监管提出了更高的要求。本书正是立足于这些背景，致力于深入探讨金融法律与市场监管的理论与实践，分析当前面临的挑战，并对未来的发展趋势提出预测和建议。

　　本书以金融法律与市场监管为核心，系统地阐述了金融市场与经济繁荣的基础理论，深入分析了金融法律的基本原则和市场监管的理论基础，全面探讨了金融法律与市场秩序之间的关系，并详细讨论了金融市场监管的实践与挑战。同时，结合金融科技的快速发展，本书还对金融创新与监管科技进行了深入探讨，并在最后提出了维护金融市场秩序、促进经济繁荣的策略，并对金融法律与监管的未来趋势进行了展望。

全书共分为六章，第一章，基础理论，介绍了金融市场与经济繁荣的基础理论，详细阐述了经济繁荣的定义、衡量指标及其与经济增长的关系。本章还探讨了金融法律的基本原则和市场监管的理论基础，为理解后续章节打下坚实的理论基础。第二章，金融法律与市场秩序，着重分析了金融法律对金融市场秩序的影响，探讨了金融市场秩序的金融法律保障机制。通过对金融市场主体、交易规则的法律规制的讨论，本章揭示了金融法律在规范市场行为、防范金融风险中的重要作用。第三章，金融市场监管的实践与挑战聚焦于监管中的法律问题与挑战，分析了金融监管机构的组织与职能，以及监管策略与工具的多样化。本章还通过对监管实践的深入分析，揭示了监管面临的新兴挑战，并对监管难题提出了相应的策略和建议。第四章，金融创新与监管科技着眼于金融科技对市场监管的影响，探讨了数字货币与区块链的法律问题。本章通过对金融创新趋势的分析，讨论了监管科技在金融市场中的应用，并对金融科技的未来发展提出了见解。第五章，维护金融市场秩序与促进经济繁荣的策略探讨了宏观经济政策与金融监管的协同，分析了金融市场稳定与危机管理的策略。本章通过对宏观经济政策工具的适宜性与创新性评估，提出了维护金融市场秩序、促进经济繁荣的策略。第六章，未来展望与建议对金融法律与监管的未来趋势进行了预测，并提出了改革建议与实施策略。通过对金融市场监管的国际化与协调的讨论，本章旨在提供一个关于金融法律与监管未来发展的全面展望。

在撰写本书的过程中，我们力求做到理论与实践相结合、国际与国内相结合、历史与现实相结合，尽可能全面、深入地分析金融法律与市场监管的各个方面。同时，我们也意识到，金融市场的复杂性和多变性使得任何理论框架和监管模式都需要不断地更新和完善。因此，我们期待读者能够从本书中获得启发，并在实践中不断探索和创新。本书适合法学金融学专业的学生、金融行业的从业者、监管机构的工作人员，以及对金融市场和法律监管感兴趣的研究者和普通读者。无论您是金融市场的新手，还是资深的专业人士，本书都将为您提供一个全面、深入的视角，以理解金融法律与市场监管的复杂性和重要性。

目 录
Contents

第一章 基础理论

第一节　金融市场与经济繁荣的基础理论·····································2

第二节　金融法律的基本原则···12

第三节　金融监管的目标与发展···20

第二章 金融法律与市场秩序

第一节　金融法律与金融市场秩序的构建·································32

第二节　金融市场的法律规制···43

第三章 金融市场监管的实践与挑战

第一节 监管中的法律问题与挑战 ·········· 62

第二节 金融监管机构的组织与职能 ·········· 72

第三节 金融监管的策略与工具 ·········· 8I

第四章 金融创新与监管科技

第一节 金融科技对市场监管的影响 ·········· 92

第二节 数字货币与区块链的法律问题 ·········· 107

第五章 维护金融市场秩序与促进经济繁荣的策略

第一节 宏观经济政策与金融监管的协同 ·········· 124

第二节 金融市场的稳定与危机管理 ·········· 139

第六章 未来展望与建议

第一节 金融法律与监管的未来趋势 ·········· 154

第二节 改革方向 ·········· 167

参考文献 ·········· 184

第一章　基础理论

第一节　金融市场与经济繁荣的基础理论

一、经济繁荣的多维度解读

（一）经济繁荣的定义与衡量

1. 经济繁荣的定义

经济繁荣是一个国家或地区经济健康发展、社会福利提升和人民生活水平显著提高的综合性状态。联合国开发计划署（UNDP）等联合国机构定期发布与经济繁荣相关的数据和报告，其中最著名的是《人类发展报告》。根据这些报告和数据，[①] 经济繁荣是一个多维度、综合性的概念，它不仅关注经济增长的速度，更关注经济增长的质量和效益，以及经济增长带来的社会福利和环境可持续性。

2. 经济繁荣的特点

经济繁荣具有以下特点：

（1）持续的经济增长。经济繁荣通常伴随着稳定的经济增长，这反映在国内生产总值（GDP）的持续增长上。经济增长为社会提供了更多的就业机会，提高了居民的收入水平，增强了经济的活力和抵御外部冲击的能力。

（2）广泛的社会福祉。经济繁荣不仅仅体现在经济增长上，更重要的是经济增长带来的社会福利。这包括教育、医疗、住房和社会保障等基本公共服务的普及和提高，直接影响到人民的生活质量和幸福感。

（3）公平的收入分配。在经济繁荣的社会中，收入和财富的分配相对公平，减少了贫富差距。公平的收入分配有助于维护社会稳定，促进社会和谐，确保所有人都能分享到经济增长的成果。

---

① 联合国开发计划署：《人类发展指数 2023-2024》。

（4）环境的可持续性。经济繁荣的社会注重环境保护和资源的可持续利用。在追求经济增长的同时，采取有效措施保护生态环境，确保自然资源的长期可用性，以实现经济发展与环境保护的平衡。

（5）创新和竞争力。经济繁荣需要不断地技术创新、管理创新和制度创新，以及培养高素质的劳动力和企业家精神。创新是推动经济持续增长的关键因素，有助于提高生产效率，开发新的市场和产品，增强经济的国际竞争力。

3. 经济繁荣的指标

经济繁荣的指标是评估一个国家或地区经济健康、社会福祉和环境可持续性的重要工具。这些指标不仅包括传统的经济增长指标，如 GDP 增长率，还涵盖了一系列反映经济质量、社会福祉和环境可持续性等方面的指标（见表 1-1）。[①]

（1）经济质量指标。主要有以下四项指标：

①生产率。生产率的提高通常意味着更有效的资源使用和更高的劳动效率。可以通过单位劳动力的产出量或单位资本的产出量来衡量。

②创新能力。创新是推动经济长期增长的关键因素，可以通过研发支出占 GDP 的比例、专利申请数量、高科技产业的增长率等指标来衡量。

③教育水平。教育对于提高劳动力的技能和知识至关重要，可以通过识字率、高等教育入学率、教育支出占 GDP 的比例等指标来衡量。

④健康水平。健康的劳动力是经济繁荣的基石，可以通过平均预期寿命、婴儿死亡率、医疗服务的覆盖率等指标来衡量。

（2）社会福祉指标。主要有以下四项指标：

①就业率。高就业率通常意味着经济体能够为劳动力提供足够的工作机会，可以通过劳动力中就业人数的比例来衡量。

②收入分配。公平的收入分配有助于减少贫困和社会不平等。可以通过基尼系数、收入五等分比率等指标来衡量。

③贫困率。贫困率是衡量社会福祉的重要指标。可以通过生活在贫困线以下的人口比例来衡量。

④社会安全网。包括失业保险、养老金、医疗保险等，这些措施能够保障人

---

① 贡光禹．衡量经济繁荣和 进步的新指标［J］.中外管理导报，1992（1）：28-30.

们在面临经济困难时的基本生活。可以通过社会福利支出占GDP的比例来衡量。

（3）环境可持续性指标。主要有以下三项指标：

①资源利用效率。包括能源消耗强度、水资源利用效率等，这些指标反映了经济体在使用自然资源方面的效率。

②环境污染水平。包括空气和水污染指标、废物处理和回收率等，这些指标反映了经济增长对环境质量的影响。

③生态系统的健康。包括森林覆盖率、生物多样性指数等，这些指标反映了生态系统的健康状况和自然环境的保护程度。

（4）公平与正义的指标。主要有以下三项指标：

①法律体系的公正性。可以通过司法独立性、腐败感知指数、法律执行效率等指标来衡量。

②政治参与的机会。包括选举参与率、公民自由度、政治权利等，这些指标反映了公民参与政治决策的程度。

③社会服务的普及。包括公共教育、公共卫生服务的普及率，这些服务的普及程度反映了社会服务的公平性和可及性。

（5）经济稳定性指标。主要有以下两项指标：

①通货膨胀率。通货膨胀率的稳定性对于经济繁荣至关重要，过高的通货膨胀会侵蚀购买力，影响经济稳定。

②财政赤字和债务水平。财政赤字和公共债务的水平反映了政府的财政健康状况，过高的债务水平可能会限制政府未来的政策空间。

（6）国际贸易和投资指标。主要有以下两项指标：

①贸易开放度。可以通过贸易总额占GDP的比例来衡量，贸易开放度反映了一个国家或地区与全球经济的融合程度。

②外国直接投资（FDI）。外国直接投资的流入可以为经济体带来资本、技术和就业机会，是衡量一个国家或地区吸引外资能力的重要指标。

（7）技术进步和信息化指标。主要有以下两项指标：

①互联网普及率。互联网的普及程度可以反映一个国家或地区的信息化水平，这对于提高经济效率和促进创新具有重要作用。

②数字化经济的比重。数字化经济的发展水平可以通过电子商务交易额、数

字服务的普及率等指标来衡量。

表 1-1　经济繁荣的指标

经济繁荣指标	社会福祉指标	环境可持续性指标	公平与正义的指标	经济稳定性指标	国际贸易和投资指标	技术进步和信息化指标
生产率 创新能力 教育水平 健康水平	收入分配 贫困率 社会安全网	资源利用效率 环境污染水平 生态系统的健康	法律体系的公正性 政治参与的机会 社会服务的普及	通货膨胀率 财政赤字和债务水平	贸易开放度 外国直接投资	互联网普及率 数字化经济的比重

通过这些指标的综合评估，可以更全面地了解一个国家或地区的经济繁荣程度。在最新的联合国《人类发展报告》中，经济繁荣的国家往往是在健康、教育和收入方面都取得高指标的国家。这些国家通常包括：北欧国家如挪威、瑞典，这些国家长期以来一直位居排名的前列。西欧国家如瑞士、荷兰、德国和英国，这些国家在社会福利、教育和经济稳定性方面表现良好。澳大利亚和新西兰：这两个国家在生活质量、社会包容性和环境保护方面得分很高。新加坡：作为亚洲的发达国家，新加坡在经济增长、教育和健康方面表现优异。一些中东国家：如卡塔尔、阿联酋等，这些国家在人均 GDP 方面得分很高，但在社会和环境指标上可能表现不一。[①]

（二）经济繁荣与经济增长紧密相关

经济繁荣与经济增长是紧密相关的，主要体现在以下三个方面。

1. 经济增长是经济繁荣的基础

经济增长通常指的是一个国家或地区在一定时期内生产的商品和服务总量的增加，这可以通过国内生产总值（GDP）的增长来衡量。它是经济繁荣的前提条件，因为没有经济增长，很难实现经济繁荣。经济增长提供了物质基础，使得社会能够有更多的资源来提高人民的生活水平和福利。

2. 经济繁荣是经济增长的高级目标

经济繁荣不仅仅是经济增长，它还包括了经济增长的质量和效益，以及经济增

---

① 联合国开发计划署：《人类发展指数 2023-2024》。

长带来的社会福利和环境可持续性。经济繁荣意味着经济增长的成果能够公平地分配给社会的所有成员，并且经济增长的过程是可持续的，不会损害环境和未来世代的福祉。经济繁荣还涉及到社会稳定、文化发展、教育水平和健康标准等多个方面。

3. 经济增长不一定导致经济繁荣

经济增长和经济繁荣之间存在联系，但并不是一一对应的关系。有时候，经济增长可能伴随着资源的过度开发、环境的破坏、社会不公和贫富差距的扩大，这些因素都可能阻碍经济繁荣的实现。国际货币基金组织（IMF）和世界银行预计 2024 年全球经济增长率分别为 3.2% 和 2.6%，而 2025 年增速预计提高 0.1 个百分点。这显示了全球经济增长的温和态势，但并不意味着所有国家和地区都能实现经济繁荣。

总结来说，经济增长是经济繁荣的必要条件，但不是充分条件。经济繁荣是一个更为全面和深远的目标，它要求经济增长的同时，还要考虑到经济增长的质量和效益，以及经济增长带来的社会和环境影响。

（三）经济繁荣与社会福祉

经济繁荣与社会福祉之间存在着密切的联系，经济繁荣需要社会福祉的支撑。

1. 经济增长促进社会福祉

经济繁荣通常意味着经济增长，这为提高社会福祉提供了物质基础。随着经济的增长，政府的财政收入增加，能够投资于教育、医疗、社会保障等公共服务领域，从而提高人民的生活质量。经济增长还能创造更多的就业机会，减少贫困，使更多人能够获得稳定收入，改善生活条件。

2. 社会福祉是经济繁荣的重要目标

经济繁荣不仅仅是追求 GDP 的增长，更重要的是要实现社会的全面进步和人民福祉的提升。一个国家或地区的经济繁荣应该体现在人民的幸福感、健康水平、教育机会和生活满意度上。社会福祉的提高能够增强人民的获得感和安全感，促进社会稳定和谐，为经济的持续繁荣创造良好的社会环境。2022 年，中国养老金水平持续上调，总体调整水平为 2021 年退休人员月人均基本养老金的 4%，这有助于保障老年人的生活质量和福利。

3.经济繁荣需要社会福祉的支撑

社会福祉的提高可以为经济繁荣提供人力资源支持和消费需求。教育水平的提高能够培养更多的高素质人才，推动技术创新和产业升级，提高经济的竞争力。健康的人口结构和劳动力能够提高劳动生产率，促进经济的持续增长。同时，社会福祉的提高也会增加居民的消费能力，扩大内需市场，为经济增长提供动力。

总之，经济繁荣与社会福祉是相辅相成的。经济繁荣为提高社会福祉提供了物质基础，而社会福祉的提高又能够促进经济的持续繁荣。政策制定者应该在追求经济增长的同时，更加关注社会福祉的改善，实现经济发展与社会进步的协调统一。

二、金融市场在经济体系中的角色

（一）金融市场的功能与作用

1.资金的筹集与配置

金融市场在资金的筹集与配置方面发挥着核心作用，这一功能对于促进经济增长和提高社会福祉至关重要。

（1）资本市场的资金筹集机制。资本市场是企业筹集长期资金的关键渠道。通过发行股票和债券，企业能够从广大投资者那里获得资金，以支持其运营和扩张。30年来，我国的A股上市公司通过资本市场累计实现股权融资总额超过15万亿。股票市场允许企业通过出售股份来筹集资本，这不仅为企业提供了资金，同时也使投资者有机会分享企业未来增长的收益。债券市场则为企业提供了通过发行债务来筹集资金的机会，投资者通过购买债券向企业借出资金，并在未来获得利息和本金的回报。资本市场的有效运作对于促进企业创新和经济增长具有重要作用。

（2）银行系统的资金配置功能。银行系统是资金配置的另一个重要组成部分。根据中国人民银行发布的数据，截至2023年末，中国银行业金融机构本外币存款余额达到约280万亿元，同比增长约9%。同期，本外币贷款余额约为230万亿元，同比增长约11%。这些数据显示了中国银行业在资金吸收和分配方面的巨大规模。银行通过吸收存款和发放贷款，将资金从储蓄者转移到投资者和消费者。银行在这一过程中发挥着中介作用，它们通过评估借款人的信用风险和偿还能力，决定贷款的发放。这种机制确保了资金能够流向最有可能产生经济效益的地方。[①]此外，银行还通过提供各种金融服务，如支付系统、资产管理和财务咨询，进一步促进了资金的有效流动和配置。

（3）资金流动对经济的影响。资金的流动对经济有着深远的影响。首先，资金流动能够促进资源的有效分配，确保资金被用于最有利可图的投资机会。这有助于提高整体经济的生产效率和增长潜力。其次，资金流动还能够促进创新和技术进步，因为企业能够获得必要的资金来研发新产品和改进生产过程。此外，资金流动还有助于稳定经济，因为它可以缓解经济周期的波动，通过投资和消费的增加来刺激经济增长。最后，资金流动对于提高社会福祉也至关重要，因为它能够创造就业机会，提高人民的收入水平，从而改善生活质量。

总之，资金的筹集与配置是金融市场的核心功能，它们通过资本市场和银行系统的相互作用，确保了资金能够流向最需要的地方，从而促进了经济的健康发展和社会福祉的提高。

2. 风险的分散与转移

金融市场的另一个关键功能是风险的分散与转移，这对于经济的稳定运行和个体的经济安全至关重要。

（1）风险管理的金融工具。金融市场提供了多种工具，使个人和企业能够管理其面临的风险。这些工具包括期货、期权、互换等衍生品，它们允许投资者通过买卖合约来对冲特定风险。例如，农民可能通过期货合约锁定作物的未来价格，以避免市场价格波动带来的损失。企业则可能使用利率互换来管理利率变动的风险，确保其财务成本的稳定性。这些工具的运用有助于减少不确定性，促进经济决策的稳健性。

（2）保险市场的风险分散作用。保险市场通过提供各种保险产品，如健康保险、财产保险和人寿保险，帮助个人和企业分散风险。保险的基本原理是将个体面临的潜在损失分摊给广泛的保险持有人群体，从而减少任何单一事件对个体的财务影响。通过支付保费，保险持有人将个人风险转移给保险公司，后者则通过大数据分析和风险池管理来承担和分散这些风险。保险的存在提高了社会的整

---

① 柳欣.柳欣文集［M］.天津：南开大学出版社，2022：426.

体风险承受能力，增强了经济的韧性。①

（3）衍生品市场的风险转移机制。衍生品市场是风险转移的重要场所，它允许市场参与者通过标准化的合约来交换资产的特定风险。这些合约包括远期合约、期货合约、期权合约和互换合约等。衍生品市场的存在使得企业和投资者能够针对特定的风险进行定制化的对冲策略，如通过购买看跌期权来保护股票投资组合免受价格下跌的影响。衍生品市场的活跃性提高了金融市场的效率，使得风险管理更加灵活和精确。

3. 价格信号的传递与发现

价格信号的传递与发现是金融市场的另一个基本功能，它对于资源的有效分配和经济决策至关重要。

（1）股票市场的价格发现功能。股票市场通过股票价格提供了关于公司价值和未来盈利能力的重要信息。股票价格反映了市场对公司当前业绩和未来增长潜力的综合评估。投资者、分析师和公司管理层密切关注股票价格变动，因为这些变动可以指示公司的健康状况和市场情绪。此外，股票价格的波动也影响了公司的资本成本和投资决策，从而对整个经济的资源配置产生影响。

（2）债券市场的利率信号。债券市场通过债券收益率传递了关于借贷成本和经济状况的重要信息。债券收益率，特别是政府债券的收益率，通常被视为无风险利率的基准，对其他所有金融资产的定价都有影响。债券市场的利率变动反映了市场对通货膨胀预期、经济增长预期和货币政策变化的预测。这些信号对于投资者、企业和政策制定者来说都是至关重要的，因为它们影响着借贷决策、投资策略和经济政策的制定。

（3）商品市场的供需信息传递。商品市场，如石油、金属、农产品等，通过商品价格传递了关于供需状况的实时信息。商品价格的变动反映了全球经济活动的变化、生产成本的波动和政策变动的影响。例如，石油价格的上涨可能预示着能源需求的增加或供应的紧张，这会影响能源密集型行业的成本和消费者的消费模式。商品市场的这些价格信号对于资源的全球分配、生产计划的调整和消费者行为的指导都具有重要作用。

---

① 牟晓伟；李彤宇.保险学原理与实务［M］.上海：上海财经大学出版社，2020：24.

总之，金融市场通过股票、债券和商品价格的变动，传递了关于经济状况、公司价值和供需变化的重要信息。这些价格信号对于指导经济主体的决策、优化资源配置和促进经济的稳定增长具有关键作用。通过这些信号，市场参与者能够做出更加明智的投资和经营决策，从而推动经济的有效运行和发展。

（二）金融市场的分类与特点

1. 货币市场与资本市场

货币市场与资本市场是金融市场的两个重要组成部分，它们在资金的筹集、分配和期限上各有特点，共同促进了经济体系的高效运作。

（1）货币市场的短期融资功能。货币市场专注于提供短期资金，通常涉及一年期以下的金融工具。这个市场的主要参与者包括银行、企业、政府和投资者。货币市场的主要工具包括短期国债、商业票据、银行承兑汇票和回购协议等。这些工具为企业和政府提供了短期融资的渠道，帮助他们满足流动性需求，如日常运营资金、季节性资金需求或临时性资金短缺。货币市场的灵活性和流动性对于维持经济的日常运作至关重要，它确保了资金能够迅速且低成本地在经济体中流动。

（2）资本市场的长期投资渠道。与货币市场相对，资本市场则专注于提供长期资金，涉及一年期以上的金融工具。资本市场的主要工具包括股票和长期债券。企业通过发行股票和长期债券来筹集资金，用于扩大生产、研发新产品或进行资本重组。投资者通过购买这些证券，为企业提供长期资本，同时获得股息、利息或资本增值的回报。资本市场的存在使得企业能够进行长期规划和投资，这对于促进经济增长和提高生产效率至关重要。

货币市场和资本市场的相互补充，为不同期限的资金需求提供了解决方案。货币市场通过提供短期流动性，帮助经济主体应对短期资金波动，而资本市场则通过提供长期资金，支持经济的长期发展和扩张。这两个市场的有效运作对于维持金融市场的稳定、促进资源的有效配置和推动经济的健康发展都发挥着关键作用。通过货币市场和资本市场的协调运作，经济体能够更好地应对各种经济周期和市场变化，实现持续增长和繁荣。

2. 债务市场与股权市场

债务市场与股权市场是金融市场的两大支柱，它们为企业和政府提供了筹集资金的渠道，并为投资者提供了投资机会。

（1）债务市场的债券发行与交易。债务市场，也称为债券市场，是企业、政府和其他组织通过发行债券来筹集资金的场所。债券是一种债务工具，发行方承诺在特定时间支付利息和到期时偿还本金。债券市场为投资者提供了相对稳定的收益来源，同时也为发行方提供了筹集长期资金的途径。债券的交易在二级市场上进行，投资者可以买卖已发行的债券，这增加了市场的流动性，使得投资者可以灵活地调整其投资组合。

（2）股权市场的股份发行与流通。股权市场，也称为股票市场，是企业通过发行股份来筹集资金的场所。股份代表了投资者对公司的所有权和对公司未来利润的索赔权。企业通过首次公开募股（IPO）或后续的增发来发行新股份，吸引投资者投资。股票市场为投资者提供了参与公司成长和利润分配的机会，同时也为企业提供了一个重要的资金来源。股票的流通性通常较高，投资者可以在股票交易所自由买卖股份。

（3）债务与股权的融资选择。企业在筹集资金时需要在债务融资和股权融资之间做出选择。债务融资的优点在于，利息支出通常可以在计算税前利润时扣除，从而降低企业的税负。此外，债务融资不涉及所有权的稀释。然而，债务融资也增加了企业的财务负担，因为必须定期支付利息和到期偿还本金。股权融资则通过出售公司的所有权来筹集资金，不增加企业的财务负担，但会稀释现有股东的控制权。企业在选择融资方式时，需要综合考虑成本、控制权、财务稳定性和市场条件等因素。

债务市场和股权市场为经济提供了多样化的融资渠道，使企业能够根据其特定的需求和市场条件选择最合适的融资方式。这两种融资方式的平衡对于企业的长期发展和金融市场的稳定至关重要。通过有效地利用债务和股权融资，企业可以优化其资本结构，提高财务灵活性，从而更好地应对市场变化和经济波动。

3. 衍生品市场与另类投资

衍生品市场与另类投资是金融市场中用于风险管理和资产配置的两个重要领域，它们为投资者提供了多样化的投资工具和策略。

（1）衍生品市场的套期保值功能。衍生品市场包括期货、期权、互换等金融工具，它们的价值来源于基础资产，如股票、债券、大宗商品或货币。衍生品的主要功能之一是套期保值，即投资者可以利用这些工具来对冲或减少其投资组合中的特定风险。例如，农民可能使用期货合约来锁定农作物的未来销售价格，从而避免价格波动带来的不确定性。企业可能通过购买期权来保护其免受汇率波动的影响。衍生品市场的存在使得市场参与者能够更有效地管理风险，增强了金融市场的稳定性。[①]

（2）另类投资的资产配置角色。另类投资包括私募股权、房地产、对冲基金、艺术品和收藏品等非传统资产类别。这些投资通常具有较低的流动性和较高的收益潜力，但同时也伴随着更高的风险。另类投资在资产配置中扮演着重要角色，因为它们可以提供与传统资产类别不完全相关的回报，从而帮助投资者分散风险并提高投资组合的整体表现。另类投资还可以为投资者提供进入特定市场或行业的机会，增加投资组合的多样性。

总之，衍生品市场和另类投资为投资者提供了多样化的风险管理和资产配置工具。通过合理利用这些工具，投资者可以更有效地管理其投资组合的风险，同时寻求更高的回报。然而，这些工具的使用也需要专业知识和谨慎的风险管理策略，以确保投资决策的稳健性和金融市场的整体稳定。

第二节　金融法律的基本原则

一、金融法律的目的与功能

（一）规范金融活动

1. 确保金融市场的有序运作

金融法律在规范金融活动中扮演着至关重要的角色，其首要任务是确保金融

---

① 陈善昂 . 金融市场学［M］，大连：东北财经大学出版，2022：160.

市场的有序运作。金融市场是经济体系中资金流动和资源配置的关键场所，其稳定性和效率性对于整个经济的健康运行至关重要。金融法律通过设定明确的规则和标准，为金融机构的业务活动提供指导，从而维护市场秩序，防止市场失灵。这些规则涵盖了从交易行为到资本充足率的各个方面，确保金融机构在追求利润的同时，也能够遵守风险管理和合规性的要求。

2. 制定金融机构的设立和运营标准

金融法律还能够明确金融机构的设立和运营标准。这些标准不仅包括资本要求、业务范围和治理结构，还涉及到风险控制、内部审计和信息披露等方面。通过这些标准，金融法律旨在确保金融机构具备稳健的运营基础，能够抵御潜在的市场风险，同时保护投资者和消费者的利益。这些规定也有助于提高金融机构的透明度，使公众能够更好地了解金融机构的运作情况，从而做出明智的投资决策。金融法律的这些规定，不仅为金融机构提供了一个公平竞争的环境，也为整个金融市场的稳定和健康发展提供了坚实的基础。

（二）保护投资者和消费者权益

1. 防止金融欺诈和不公平交易

保护投资者和消费者权益是金融法律的另一项核心功能，它旨在通过法律手段防止金融欺诈和不公平交易，确保金融市场的诚信和公正。金融欺诈和不公平交易不仅损害了投资者和消费者的利益，也破坏了市场的信誉和效率。[①] 金融法律通过设定严格的监管框架，要求金融机构和市场参与者遵守诚实信用原则，不得进行误导性宣传、隐瞒重要信息或进行其他欺诈行为。此外，金融法律还规定了金融机构必须向投资者和消费者提供清晰、准确和及时的信息披露，以便他们能够做出明智的投资决策。

2. 提供法律救济途径

为了进一步保护投资者和消费者，金融法律还提供了法律救济途径。当投资者和消费者的权益受到侵害时，他们可以通过法律途径寻求赔偿和救济。这包括但不限于民事诉讼、仲裁和调解等机制。金融法律还设立了专门的监管机构，如

---

① 刘沛佩.证券异常交易行为监管问题研究［J］.金融发展研究，2021（7）：84-89.

证券交易委员会和消费者保护局，这些机构负责监督金融市场的运作，调查和处理违规行为，为受害者提供法律支持和援助。通过这些措施，金融法律不仅为投资者和消费者提供了保护，也为维护金融市场的长期稳定和健康发展提供了保障。

（三）促进金融市场的公平竞争

1. 防止市场垄断

金融市场的公平竞争是确保经济健康发展的关键因素之一，金融法律在其中扮演着至关重要的角色。首先，反垄断相关内容在金融法律中有所体现，有利于防止市场垄断现象的出现。市场垄断不仅会削弱市场竞争，导致价格扭曲和资源配置效率低下，还会损害消费者的利益和市场的整体创新能力。利用金融法律限制单一金融机构或集团对市场的过度控制，确保市场中的参与者能够在公平的基础上竞争。[①] 这包括对市场准入的监管、对合并和收购活动的审查，以及对市场主导者的监管，以确保它们不会滥用市场地位。

2. 维护市场竞争秩序

金融法律致力于维护市场竞争秩序，通过确保所有市场参与者都能在公平的规则下运作。这涉及到制定和执行一系列规则，如公平交易规则、透明度要求和市场行为准则，以促进市场的透明度和公平性。金融法律还要求金融机构遵守一定的业务标准和道德规范，防止不正当竞争行为，如价格操纵、虚假宣传和不正当的市场行为。通过这些措施，金融法律旨在创造一个公平、透明和有序的市场环境，让所有参与者都能在竞争中获得公平的机会，从而推动整个金融市场的健康发展和创新。

（四）维护金融稳定

1. 防范和化解金融风险

维护金融稳定是金融法律的核心目标之一，它对于保障经济的平稳运行和社会的长期繁荣至关重要。首先，通过制定和实施一系列风险管理措施，致力于防范和化解金融风险。金融风险包括信用风险、市场风险、流动性风险等，它们可能源自金融机构的不当操作、市场的异常波动或宏观经济的不稳定因素。金融法律要求金融机构建立有效的风险管理体系，包括资本充足率要求、风险评估和控

---

① 周骏.货币银行学［M］.北京：中国金融出版社，2001：143.

制程序，以及应急预案。这些措施有助于金融机构识别、评估和管理潜在的风险，从而减少金融体系的脆弱性。

2. 预防金融危机

金融法律还着重于预防金融危机的发生。金融危机通常具有突发性和传染性，一旦发生，会对整个经济体系造成严重的冲击。通过加强监管和监督，确保金融机构的稳健运营和市场的透明度。这包括对金融机构的定期审计、风险披露要求和市场监管。此外，金融法律还鼓励金融机构之间以及与监管机构之间的信息共享，以便及时发现和应对潜在的危机。这些措施旨在构建一个更加稳健和有韧性的金融体系，以抵御外部冲击和内部风险，保障金融市场的长期稳定。[①]

（五）促进及规范金融创新

1. 鼓励金融产品和服务的创新

金融创新是推动金融市场发展和经济增长的重要动力，金融法律在其中扮演着促进者和监管者的角色。首先，金融法律通过提供灵活的法律框架和激励措施，鼓励金融产品和服务的创新。这包括对新兴金融技术如区块链、人工智能和大数据的法律认可，以及对创新金融产品如绿色金融、互联网金融的支持。金融法律还通过简化监管流程、提供税收优惠和知识产权保护等措施，为金融机构和创新企业提供一个有利的创新环境。这些措施有助于激发金融机构的创新活力，推动金融产品和服务的多样化和个性化，满足市场和消费者不断变化的需求。

2. 平衡创新与风险管理

金融法律也注重在鼓励创新的同时，平衡创新与风险管理。金融创新虽然能够带来新的机会和效率，但也可能带来新的风险和挑战。金融法律要求金融机构在创新过程中，必须遵守风险管理的原则和标准，确保创新不会损害金融体系的稳定性和安全性。这包括对创新金融产品的风险评估、对创新业务模式的合规性审查，以及对创新技术的安全性和可靠性的监管。金融法律还鼓励金融机构建立有效的风险管理体系，包括风险识别、风险控制和风险缓释措施，以确保创新活动在可控的风险范围内进行。这些措施，旨在实现金融创新与风险管理的平衡，

---

① 王彩萍；张龙文. 国家金融体系结构［M］. 广州：广州中山大学出版社，2021：12.

促进金融市场的健康发展和可持续发展。

（六）加强金融监管

1. 赋予监管机构必要的监管权力

加强金融监管是确保金融市场稳定和健康发展的关键措施，金融法律在其中发挥着至关重要的作用。首先，金融法律通过赋予监管机构必要的监管权力，确保它们能够有效地执行监管职责。这些权力包括但不限于制定和执行监管规则、进行市场监督、对金融机构进行现场检查、要求金融机构提供必要的信息和数据，以及对违规行为进行处罚。这些权力使监管机构能够及时识别和应对金融市场中的风险和问题，维护市场的公平性和透明度。同时，金融法律还规定了监管机构的职责和责任，确保它们在行使权力时能够遵循法律原则和程序，防止权力滥用。

2. 提高监管的透明度和效率

金融法律致力于提高监管的透明度和效率。透明度是金融市场健康运行的基石，金融法律要求监管机构公开其监管规则、监管决策和监管行动，使市场参与者能够及时了解监管动态和要求。这有助于增强市场参与者的信心，促进市场的公平竞争。同时，金融法律还鼓励监管机构采用现代化的监管手段和技术，如数据分析、风险预警系统和电子监管平台，以提高监管的效率和有效性。这些措施有助于监管机构更快速、更准确地识别和处理金融市场中的风险和问题，从而更好地保护投资者和消费者的利益，维护金融市场的稳定。通过这些措施，金融法律旨在构建一个更加透明、高效和有效的金融监管体系，为金融市场的稳定和健康发展提供坚实的保障。

二、金融法律原则与市场伦理

金融法律原则与金融市场伦理是确保金融系统健康运行和维护市场秩序的基石。

（一）金融法律原则

金融法律原则是金融市场稳定运行的基石，它们为金融活动提供了一个公平、透明和可预测的法律环境。

1. 法律的普遍适用性

法律的普遍适用性意味着无论金融机构的规模大小、市场参与者的身份如何，都必须遵守相同的法律规则。这种普遍性确保了市场的竞争是公平的，没有特权或豁免，从而维护了市场的公正性和效率。所有金融活动和参与者都受到同等的法律约束，有助于防止市场滥用和不正当行为，同时促进了法律的权威性和执行力。

2. 法律的明确性与可预测性

法律的明确性与可预测性对于金融市场的健康发展至关重要。金融法律应当清晰明确，使得市场参与者能够理解并预见其行为可能产生的法律后果。这种明确性减少了市场的不确定性，使得金融机构和投资者能够基于稳定的法律预期做出决策。明确的法律规则有助于降低合规成本，提高市场效率，同时也为监管机构提供了执行法律的明确指导。此外，可预测的法律环境鼓励长期投资和创新，为金融市场的持续发展提供了支持。

3. 法律的公正性

法律的公正性是确保金融市场公平竞争的关键。金融法律旨在保障所有市场参与者的权益，无论是大型金融机构还是小型投资者，都应享有平等的法律保护。法律应防止任何形式的不公正市场行为，如内幕交易、市场操纵和欺诈行为，这些行为会破坏市场的信任和效率。公正的法律环境不仅保护了投资者的利益，也促进了金融市场的整体健康和稳定。通过确保法律的公正性，可以增强市场参与者的信心，吸引更多的资本流入市场，从而推动经济的增长。

4. 法律的透明度

法律的透明度对于增强市场信心和维护市场秩序至关重要。法律和监管决策应当公开透明，这样市场参与者才能了解监管机构的行动和意图，以及他们如何执行法律。透明度有助于减少信息不对称，使得所有市场参与者都能在相同的信息基础上做出决策。透明的法律和监管过程也有助于提高监管机构的问责性，确保它们的行为符合公众利益。通过提高法律和监管的透明度，可以增强市场的透明度，促进公平交易，维护金融市场的稳定和健康发展。①

---

① 杜征征；华猛.完善金融监管透明度的理论与探索——以银行监管当局为例 [J]. 江苏金融职业技术学院学报，2008（2）：19-21.

（二）金融市场伦理

1. 诚信原则

金融市场的健康发展依赖于参与者的诚信和道德行为，诚信原则是金融市场伦理的基石。金融市场参与者，包括银行、证券公司、保险公司以及其他金融机构，都应遵守诚信原则，保持诚实和正直。这意味着在所有金融交易和业务活动中，参与者应避免任何形式的欺诈、误导或不诚实行为。诚信原则要求金融机构在与客户、同行以及监管机构的交往中，始终保持透明度和真实性，这有助于建立和维护市场的信任，是金融市场长期稳定和繁荣的前提。

2. 股票交易

公平交易是金融市场伦理的另一个核心要素，它要求确保所有交易都是公平的，没有欺诈或操纵行为。在金融市场中，公平交易意味着所有市场参与者都应在同等条件下进行交易，没有任何一方能够利用不正当手段获得优势。这包括但不限于防止内幕交易、价格操纵和其他不公平的市场行为。通过确保交易的公平性，金融市场能够更有效地分配资源，促进经济的健康发展，并保护投资者和消费者的利益。

3. 信息披露

信息披露是保护投资者和消费者利益的关键。金融机构有责任提供准确、及时和完整的信息，以便投资者和消费者能够做出明智的决策。这包括财务报告、风险披露、产品特性和市场动态等信息。透明的信息披露有助于减少信息不对称，提高市场的效率和公平性。同时，它也有助于增强投资者对市场的信心，促进资本的有效流动，支持金融市场的稳定和增长。

4. 社会责任

社会责任是金融机构在追求利润的同时，也应考虑其对社会和环境的影响。金融机构应承担社会责任，促进经济和社会的可持续发展。这包括支持环境保护、促进社会福利、提高就业机会和参与社区发展等。通过承担社会责任，金融机构不仅能够提升自身的品牌形象和市场地位，还能够为社会的长期福祉作出贡献。社会责任的履行有助于构建更加和谐和可持续的社会环境，同时也为金融机构提供了长期稳定发展的社会基础。

（三）金融法律原则与市场伦理的互动

金融法律原则与市场伦理之间的互动是确保金融市场健康运行的关键。

1. 法律与伦理的互补

法律为市场伦理提供了一个坚实的基础，通过明确规定市场参与者的权利和义务，以及违反这些规定的后果，为金融市场设定了基本的行为准则。[①] 然而，法律往往只能覆盖到最明显和最严重的行为，而市场伦理则填补了法律可能存在的空白，提供了更广泛的指导原则，鼓励参与者追求更高的道德标准。市场伦理通过自我约束和行业规范，促进了一种超越法律要求的道德行为，这种自我驱动的道德行为有助于建立更加稳定和信任的市场环境。

2. 法律对伦理的促进

法律通过规范和惩罚机制，对金融市场中的不道德行为施加了约束，从而推动了市场伦理的实施。法律的强制力确保了市场参与者遵守基本的道德规范，如诚信、公平交易和信息披露等。当市场参与者违反这些规范时，法律提供了惩罚措施，如罚款、禁令甚至刑事处罚，这些措施起到了威慑作用，促使参与者遵守市场伦理。此外，法律还通过激励机制，如税收优惠和监管奖励，鼓励市场参与者采取符合伦理的行为，从而促进了金融市场的整体道德水平。

3. 伦理对法律的反馈

随着社会价值观和市场实践的发展，市场伦理也在不断演变。这种演变可以影响法律的制定和修订，使其更加符合市场的实际需求和道德期望。市场伦理的发展往往先于法律的变化，它可以作为法律改革的催化剂，推动法律与时俱进。例如，随着对环境和社会治理（ESG）的关注日益增加，金融市场中的伦理标准也在提高，这促使监管机构和立法机构考虑将这些伦理标准纳入法律框架。通过这种互动，法律和市场伦理相互促进，共同推动金融市场向更加公正、透明和可持续的方向发展。

---

① 刘慧杰.浅议市场竞争中的伦理问题和竞争伦理规范［J］.现代商业，2008（8）：10.

第三节　金融监管的目标与发展

一、金融监管的目标

金融监管的目标是多方面的，涉及金融市场的各个方面，旨在通过有效的监管措施，确保金融市场的长期健康和稳定，同时保护消费者和投资者的利益。

（一）维护市场稳定

维护市场稳定是金融监管的重要职责，其目的在于防止金融市场的过度波动和系统性风险。金融市场的稳定性对于经济的健康运行至关重要，因为市场的剧烈波动可能导致资本错配、信贷紧缩，甚至引发金融危机。金融监管通过实施宏观审慎政策和微观审慎监管，监控金融机构的资本充足率、流动性和风险暴露，确保它们能够承受市场冲击。例如监管机构要求银行和其他存款机构保持一定比例的资本相对于其风险加权资产，以确保它们有足够的资本来吸收潜在损失，防止银行因资金不足而倒闭，从而维护整个金融系统的稳定。

监管机构定期对银行进行压力测试，模拟极端经济情况下银行的财务状况，以评估它们在面对严重经济衰退或市场动荡时的稳健性。监管机构还可以通过限制金融机构的杠杆率（即借款相对于资本的比例），减少金融机构过度借贷和过度风险承担的行为。通过这些措施，金融监管有助于构建一个更加稳健的金融体系，保障金融市场的长期稳定和经济的持续发展。

（二）保护投资者和消费者

保护投资者和消费者是金融监管的重要职责，其目的是确保金融市场的参与者在交易过程中不受欺诈和不公平交易的损害。金融市场的复杂性和信息不对称性使得投资者和消费者容易成为不法行为的受害者。金融监管通过制定严格的规则和标准，要求金融机构提供全面、准确和及时的信息披露，从而减少信息不对称，提高市场的透明度。

此外，监管机构还负责监督和执行市场行为规范，打击内幕交易、价格操纵和其他不公平的市场行为，确保所有市场参与者都能在公平的环境中进行交易。例如设置专门的投资者赔偿基金，为那些因金融机构的不当行为而遭受损失的投资者提供赔偿。中国香港的投资者赔偿基金（Investor Compensation Fund, ICF）为投资者提供有限度的赔偿。如果投资者因交易所会员经纪违责而受损，可以向该基金索赔。基金的资金来源包括会员缴纳的费用和交易征费。通过这些措施，金融监管不仅维护了投资者和消费者的利益，也增强了他们对市场的信心，促进了金融市场的健康发展和公众的金融福祉。

（三）促进市场公平竞争

促进公平竞争是金融监管的关键目标，它旨在确保所有市场参与者都能在同等条件下进行竞争，从而提高市场效率和促进创新。中国31省金融监管水平的测算数据显示，金融监管支出与金融业增加值的比例反映了各省份在金融监管上的力度与金融业自身发展规模之间的关系。高水平的金融监管有助于确保金融市场透明度，减少系统性风险。

金融监管通过制定和执行一系列公平的市场规则和标准，防止市场滥用和不正当竞争行为，如价格操纵和内幕交易。这些规则确保了市场的透明度和公正性，使小型和大型机构都能在公平的环境中竞争，保护了新兴企业的利益，同时鼓励了创新和多样化的金融服务。监管机构还负责监督市场准入，确保所有参与者都有平等的机会进入市场，防止市场垄断和不公平的市场行为。通过这些措施，金融监管有助于构建一个健康、活跃和竞争的市场环境，这对于经济的长期增长和金融系统的稳定性至关重要。

（四）维护市场诚信

维护市场诚信是金融监管的基石，它要求通过有效的监管措施确保金融市场的诚信和公正。金融监管机构通过制定和执行严格的市场规则和行为准则，防止欺诈、操纵和其他不道德的市场行为。这包括对内幕交易、虚假陈述和市场滥用行为的严厉打击，以及对金融机构的业务操作和内部控制的监督。监管机构还推动金融机构建立强有力的合规体系和道德标准，以提升整个行业的诚信水平。此外，金融监管还注重提高市场的透明度，通过要求充分的信息披露和公平的交易实践，增强投资者和公众对市场的信任。通过这些措施，金融监管不仅保护了投资者的利益，也维护了金融市场的长期稳定和健康发展，为经济的繁荣和社会的公正提供了坚实的基础。

（五）提高市场透明度

提高市场透明度是金融监管的关键目标之一，它要求确保所有市场信息的公开和透明，以增强市场效率和公平性。[①]金融监管机构通过制定和执行披露规则，要求上市公司、金融机构和其他市场参与者提供准确、及时和全面的财务报告和业务信息。例如国际货币基金组织（IMF）的中央银行透明度准则（Central Bank Transparency Code，简称CBT）是一个国际性的准则，旨在帮助中央银行及其利益相关者将中央银行的透明度实践与国际最佳实践进行对比。CBT的目的是增强中央银行的透明度和问责性，并促进政策的有效性。CBT建立在五个支柱框架上，包括中央银行的①治理，②政策，③操作，④政策和操作的结果，以及⑤与政府和其他机构的官方关系（见表1–2）。

准则提供了高层次的指导，这有助于中央银行及其利益相关者确定中央银行的透明度在特定国家情况下是否平衡。又如许多国家的证券法都规定了强制信息披露制度，监管机构要求上市公司定期公布财务报告和其他关键信息，如季度报告和年度报告，确保投资者能够获得公司的财务状况和业务进展的准确数据。

这种透明度使得投资者能够基于完整信息做出更加明智的投资决策，从而提高资本的配置效率。同时，透明的市场环境也有助于减少信息不对称，降低交易成本，提升市场参与者的信心。此外，高度的市场透明度还有助于监管机构更有效地监督市场行为，及时发现和预防欺诈、操纵和其他不当行为，维护金融市场的诚信和秩序。通过这些措施，金融监管不仅促进了市场的健康发展，也为所有

---

① 郭树清.提高金融监管透明度和法治化水平［J］.中国总会计师，2020（12）：8.

市场参与者创造了一个更加公平和可预测的交易环境。

表 1-2 央行透明度：五大支柱框架

支柱一：治理透明	支柱二：	支柱三：操作透明度	支柱四：结果透明度	支柱五：官方关系透明度
法律结构：法律框架、法律性质、法律保护	政策框架	工具	以下方面的事后报告：治理行动、政策、操作	政府：机构、服务、磋商安排
使命：宗旨、职责、权力	政策决定	覆盖面		其他机构：合作、承诺
自主权：制度、职能、人员、财务	支持性分析	使用权		国际：合作、承诺
决策安排				
风险管理：风险敞口、风险框架				
内部问责：安排、工具、行为准则				
信息沟通：安排、战略/工具				
保密性				

来源：国际货币基金组织

（六）防范金融犯罪

防范金融犯罪是金融监管的重要职责，它对于维护金融市场的诚信和保护国家经济安全至关重要。金融犯罪，如洗钱、恐怖融资和其他非法金融活动，不仅破坏了金融市场的秩序，还可能对国家安全和社会稳定构成威胁。金融监管通过实施严格的反洗钱和反恐怖融资法律、规则和程序，要求金融机构进行客户尽职调查、持续监控交易，并及时报告可疑活动。例如监管机构制定了一系列反洗钱法规，要求银行和其他金融机构实施客户尽职调查和持续的客户监控，以识别和报告可疑交易。这些措施有助于识别和追踪非法资金流动，防止金融机构被用于洗钱或资助恐怖活动。

此外，金融监管机构还与国际组织和其他国家的监管机构合作，共享信息，协调行动，以打击跨国金融犯罪。例如在联合国安理会或其他国际组织的授权下，监管机构执行资产冻结和其他金融制裁措施，以打击国际犯罪和恐怖主义。通过这些综合措施，金融监管有效地减少了金融系统被用于非法目的的风险，保护了金融市场的完整性和公众的利益。

（七）支持宏观经济政策

支持宏观经济政策是金融监管的重要功能，它通过确保金融市场的稳定和效率，为实现国家的宏观经济目标提供支持。金融监管机构通过监督金融市场和金融机构的行为，促进资本的有效配置，支持经济增长和就业。监管措施有助于控制信贷过度扩张，防止资产泡沫的形成，从而维护经济的长期稳定。同时，金融监管还与货币政策紧密配合，通过监管金融机构的流动性和资本充足率，支持中央银行实现货币供应和利率目标。

在经济危机时期，金融监管机构还可能采取特殊措施，如提供流动性支持和实施救助计划，以稳定金融市场，防止系统性风险的扩散。通过这些方式，金融监管不仅保障了金融市场的稳健运行，也为国家的宏观经济政策提供了坚实的基础，促进了经济的健康发展和社会福祉的提升。

（八）激发金融创新活力

激发金融创新活力、促进金融创新是金融监管的重要职责，它旨在平衡风险控制与创新激励，以推动金融产品和服务的发展。金融监管机构通过制定灵活的监管框架，为金融创新提供空间，同时确保新产品和服务不会带来不可接受的风险。这包括对新兴金融技术如区块链、人工智能和大数据分析的监管适应，以及对创新金融模式如金融科技和绿色金融的支持。例如一些国家的中央银行和监管机构正在探索发行自己的数字货币，并研究如何监管加密货币和区块链技术，以促进这些领域的创新，同时保护消费者和防止非法活动。

一些监管机构通过提供税收优惠、补贴或其他激励措施，支持金融机构开发和推广绿色金融产品，如绿色债券和可持续发展投资基金。一些监管机构还鼓励金融机构采用先进的风险管理技术，以识别和缓解创新过程中可能出现的风险。例如使用人工智能进行交易监控和风险评估。

二、金融监管理论的演进与发展

金融监管理论的演进与发展经历了多个阶段，从最初的自由市场理念到现代的宏观审慎监管，每一次金融危机或重大金融事件都对监管理论产生了深远的影响。

（一）早期金融监管理论（20 世纪 30 年代以前）

在 20 世纪 30 年代以前，金融监管理论尚处于萌芽阶段，其发展与中央银行制度的产生和发展有着密不可分的联系。在这一时期，金融活动主要受市场自由原则的指导，政府对金融市场的干预被认为会破坏市场机制的有效运作。古典经济学和新古典经济学的代表人物，如亚当·斯密和大卫·李嘉图，主张"看不见的手"能够自我调节市场，从而实现资源的最优分配。他们认为，市场参与者追求个人利益的行为，会在竞争中自然形成一种社会秩序，无须政府干预。

然而，随着金融市场的发展和金融工具的创新，金融体系的复杂性和互联性逐渐增加，市场失灵的现象开始显现。特别是在 18 世纪和 19 世纪，金融市场的波动和银行危机频发，这些事件暴露了纯粹依赖市场自我调节的局限性。在这种背景下，中央银行制度应运而生，其最初的目的是提供流动性支持，防止银行挤兑和金融危机的蔓延。

尽管中央银行的建立并不直接等同于金融监管，但它为金融监管理论的发展奠定了基础。中央银行的存在意味着政府在金融市场中扮演了一个更加积极的角色，这与古典经济学的理念形成了鲜明对比。中央银行的职能逐渐从单纯的货币发行和清算扩展到了对金融市场的监督和调控，这为后来金融监管理论的形成提供了实践基础。

总的来说，早期金融监管理论的发展是一个从自由市场理念到政府干预逐步转变的过程。中央银行制度的建立和金融市场的实践表明，纯粹的市场自我调节并不能完全保证金融系统的稳定，政府在必要时需要介入以维护金融秩序和防范系统性风险。这一时期的理论和实践为后来金融监管理论的深化和完善奠定了基础。

（二）大危机后的监管理论（20 世纪 30 年代—70 年代）

在 20 世纪 30 年代至 70 年代，全球金融监管理论的发展受到了大萧条的深刻影响。这一时期的金融监管理论主要集中在如何通过政府的干预来维护金融市场的稳定和安全。大萧条揭示了金融市场的不完全性和脆弱性，使得人们认识到市场机制在某些情况下是失灵的，需要政府的适当干预来纠正市场缺陷。

在这一背景下，凯恩斯主义经济学成为了主流，它强调政府在经济中的积极作用，特别是在经济衰退期间通过财政和货币政策来刺激经济。[①]凯恩斯主义的支持者认为，政府应该通过监管来纠正市场失灵，保护经济免受金融市场波动的影响。这种思想为后来的金融监管提供了理论基础，特别是在推动金融体系稳定性和防范系统性风险方面。

凯恩斯主义经济学的兴起，导致了金融监管理论的一系列变化。首先，它推动了对金融机构更严格的监管，包括对银行资本充足率的要求、存款保险制度的建立以及对银行业务的直接控制。其次，凯恩斯主义强调了货币政策的重要性，认为中央银行应该通过调节货币供应来控制经济周期。此外，凯恩斯主义还促进了对金融市场的宏观审慎管理，以防止金融风险的积累和传播。

在这一时期，金融监管的目标主要是确保金融体系的稳定，防止金融危机的发生。监管机构被赋予了更多的权力和责任，以监督和管理金融市场。这些监管措施在一定程度上减少了金融市场的波动，增强了公众对金融体系的信心。

总的来说，20 世纪 30 年代至 70 年代的金融监管理论是在大萧条的背景下发展起来的，它强调了政府在维护金融稳定中的作用，并对后来的金融监管实践产生了深远的影响。尽管存在争议，但这一时期的理论为金融监管提供了重要的理论支持，并为后续金融监管理论的发展奠定了基础。

（三）金融自由化与效率优先（20 世纪 70 年代—80 年代末）

在 20 世纪 70 年代至 80 年代末，金融自由化理论对之前的严格监管模式提

---

① 伍戈；谢洁玉.论凯恩斯主义的理论边界与现实约束——国际金融危机后的思考[J].国际经济评论，2016（9）：82-99.

出了挑战，主张放松金融管制，以提高金融业的活力和效率。这一时期，金融自由化理论的主要内容包括利率自由化、金融服务贸易自由化、金融机构混业化等方面。金融压抑和金融深化理论成为金融自由化理论的核心部分。[①]

金融压抑理论认为，发展中国家普遍存在的金融市场不完全、资本市场严重扭曲以及政府对金融的过度干预，导致了金融资源配置效率低下，抑制了经济增长。罗纳德·麦金农和爱德华·肖提出的金融深化理论，主张通过减少政府干预，确立市场机制的基础作用，实现金融深化，促进经济增长。他们认为金融自由化能够提高储蓄率，优化资源配置，从而刺激经济增长。[②]

金融自由化的支持者认为，这一进程能够增强金融市场的竞争性，提高效率，促进银行业发展，提供更多的盈利机会，推动金融一体化，改善全球资源配置。然而，金融自由化也带来了风险，包括金融市场透明度降低、金融创新动力下降、金融风险增加、银行间联系更加密切可能引发系统性风险等问题。

在实践中，金融自由化改革在美国等发达国家取得了一定成效，但也带来了新的问题和挑战。例如，2007 年金融危机暴露了金融自由化可能带来的弊端，如过度放松监管导致的金融风险积累和传播。这表明，金融自由化并非万能，需要在推进过程中权衡利弊，谨慎实施。

总体而言，金融自由化理论的发展和实践表明，金融改革应当根据各国的具体情况和市场条件，逐步推进，同时加强监管，确保金融市场的稳定性和效率性。这一时期的金融自由化理论对后来的金融监管理论和实践产生了深远影响，也为后续的金融改革提供了重要的经验和教训。

（四）安全与效率并重的监管理论（20 世纪 90 年代以来）

自 20 世纪 90 年代以来，金融监管理论经历了显著的转变，特别是在风险管理和金融体系稳定性方面。这一时期，区域性金融危机的频繁发生，如亚洲金融危机和随后的全球金融危机，使得监管理论家和实践者开始重新审视金融监管的目标和方法。

---

① 徐义国.金融自由化：路径及其效应 [M].北京：中国经济出版社，2008：（42）.

② 李莉.金融自由化理论的发展演变及其对发展中国家的启示[J].山东经济,2005(11) 93-95.

在这一时期，金融监管理论开始强调金融机构和体系内部约束的重要性，以及如何有效防范金融风险。监管的重点从单纯的金融稳定转向了稳定与效率的平衡。金融机构的公司治理、风险管理能力和透明度被认为对于预防金融危机至关重要。同时，监管机构也被鼓励采用更为市场化的手段，如提高资本充足率要求、实施动态拨备制度和推动金融衍生品市场的规范化，以提高金融体系的整体稳健性。

此外，金融监管理论也开始关注跨国金融活动的风险防范和跨国协调监管的重要性。随着全球化的深入，金融市场的互联互通日益增强，单一国家的金融稳定越来越依赖于国际合作和协调。[①] 国际清算银行和国际货币基金组织等国际金融组织在推动全球金融监管标准和监管合作方面发挥了重要作用。

在实践中，金融监管理论的发展推动了一系列重要的监管改革。例如，《巴塞尔协议Ⅲ》的推出，它强调了银行资本质量的提高、流动性风险的管理以及对系统重要性金融机构的特别监管。这些改革旨在通过增强银行的抵御风险能力和监管的有效性，来减少金融危机的发生频率和影响。

总体而言，20世纪90年代以来的金融监管理论发展反映了对金融稳定性和效率之间平衡的追求，以及对金融风险管理和国际监管合作的重视。这些理论和实践的发展为构建更加稳健和透明的金融体系提供了重要的指导。

（五）后危机时代的监管理论（2008年全球金融危机后）

2008年全球金融危机后，金融监管理论进入了一个新的发展阶段，这一阶段的监管理论更加强调宏观审慎监管和系统性风险的管理。[②]

金融危机揭示了微观审慎监管的不足，即单个机构的稳健性并不能保证整个金融系统的稳定。因此宏观审慎监管被提上日程，其核心在于监控和调节整个金融系统的风险，以防范系统性风险。这包括对金融周期、杠杆率以及重要金融市场和金融交易行为的风险监测和预警，还有逆周期资本缓冲机制的建立。为了适应金融市场的全球化，金融监管模式经历了调整。这包括强化中央银行在金融稳

---

① 李锋.中国经济与世界经济从融入走向融合研究［J］.全球化，2020（2）：72-84.

② 谢平；邹传伟.金融危机后有关金融监管改革的理论综述［J］.金融研究，2010（2）41-17.

定中的作用，以及对系统重要性金融机构的监管。[①]后危机时代的金融监管政策更加注重风险的预防和早期干预。这包括对金融机构实施更严格的资本和流动性要求，以及对金融创新产品和市场的监管。监管机构也被赋予更多的权力来干预金融市场，以防止风险的积累和传播。

为了支持上述监管改革，金融监管法律体系也进行了相应的完善。这包括更新现有的法律法规，以及制定新的规则来填补监管空白。

金融危机的全球性影响凸显了国际监管合作的重要性。各国监管机构之间的信息共享、政策协调和危机应对合作得到了加强，以应对跨国金融活动的风险。危机后，金融监管理论更加强调金融消费者保护，以确保金融市场的公平性和透明度。这包括加强对金融产品和服务的监管，提高金融消费者的知识水平和风险意识。随着金融科技的发展，金融监管面临着新的挑战。监管理论需要适应金融科技带来的变化，包括对数字货币、区块链技术和其他金融创新的监管。

综上所述，后危机时代的金融监管理论更加注重系统性风险的管理，监管模式和政策的调整，以及国际合作的重要性。这些变化旨在提高金融体系的稳定性，保护消费者权益，并促进金融市场的健康发展。

（六）现代金融监管理论的发展趋势

现代金融监管理论的发展趋势表明，未来的监管将更加注重金融机构和体系的内部约束，强化风险管理和内部控制机制，以提高金融体系的整体稳健性。这包括对金融机构的公司治理、风险评估模型、资本充足率以及流动性覆盖率等方面的监管。监管机构将推动金融机构建立健全的风险管理体系，确保金融机构能够有效识别、评估、监控和控制各类风险。[②]

同时，随着金融市场的快速变化和金融产品的日益复杂化，监管也将趋向于模型化和计量化。这意味着监管机构将更多地依赖于数据分析、风险模型和计量

---

① 例如美国通过《多德－弗兰克法案》加强了金融监管体系，英国则通过设立央行金融政策委员会和审慎监管局来强化宏观审慎和微观审慎监管。

② 曾宝华；吴丁杰.激励相容的金融监管体系的主要架构 [J].广州市经济管理干部学院学报，2007（3）：1-5.

工具来评估和管理风险。监管者需要利用先进的技术手段，如大数据分析、人工智能和区块链等，来提高监管的效率和有效性。通过这些技术，监管机构可以更快速地识别市场异常行为，预测潜在风险，并采取相应的监管措施。

此外，金融监管的国际合作也将成为未来发展的重要趋势。在全球化的金融市场中，跨境金融活动日益频繁，这要求各国监管机构加强合作，共同应对跨国金融风险。国际金融监管标准和规则的制定，如巴塞尔协议等，将对各国的金融监管实践产生深远影响。

综上所述，未来的金融监管将更加注重内部约束、模型化计量化以及国际合作，以适应金融市场的发展和变化，确保金融体系的稳定和安全。

第二章 金融法律与市场秩序

第一节　金融法律与金融市场秩序的构建

一、金融法律对金融市场秩序的影响

法律通过多方面的制度安排和规范，对金融市场秩序的维护和发展起到了至关重要的作用。通过不断优化和完善金融法律体系，可以进一步提升金融市场的稳定性、效率性和公平性，为经济的健康发展提供有力支撑。[①]金融法律对金融市场秩序的影响是多方面的。

（一）规范市场行为

金融市场的稳定运行和健康发展离不开金融法律的规范和引导。金融法律通过设定市场准入规则和交易行为规范，为金融市场提供了基础性的规范框架，确保了金融交易的合法性、透明度和公平性。

1. 市场准入规则

金融法律通过设定严格的市场准入规则，确保只有符合特定条件的机构和个人才能进入金融市场。例如，商业银行法规定了设立商业银行的条件，包括注册资本的最低限额、高级管理人员的资格要求等。这些规定有助于提高金融市场的整体稳定性和信誉度。在国际层面上，我国的金融市场准入资格与国际平均水平相比是比较高的，这反映了我国对金融市场稳定性的高度重视。例如，设立商业银行的注册资本要求最低限额为 10 亿元人民币，城市合作商业银行的注册资本最低限额为 1 亿元人民币，这些较高的准入门槛有助于防范金融风险，确保金融机构具备足够的资本实力和风险抵御能力。

---

① 刘隆亨：《金融法学》，当代世界出版社 2000 年版。第 11 页。

2. 交易行为规范

金融法律对金融市场的交易行为进行规范，包括交易方式、交易时间、交易信息披露等。例如，证券法要求上市公司充分披露财务信息和重大事项，以保护投资者的知情权和选择权，维护证券市场的公平交易。国家外汇管理局发布的《外汇市场交易行为规范指引》进一步规范了外汇市场的交易行为，推动外汇市场诚信、公平、有序、高效运行。《指引》适用于银行间市场和对客户柜台市场，规范对象包括外汇市场参与各方，既包括从事外汇交易的机构，也包括中国外汇交易中心、银行间市场清算所股份有限公司、货币经纪公司等，重点规范外汇市场交易行为，核心内容是交易管理和信息管理。

（二）防范金融风险

金融市场的稳定性是金融法律的重要目标之一。金融法律在及时发现和处置金融风险，防止风险的扩散和蔓延方面发挥着至关重要的作用。

1. 完善金融监管体系

金融法律通过确立金融监管体系，明确监管机构的职责和权力，确保金融市场的稳健运行。我国正在推进金融监管体系的改革，组建国家金融监督管理总局，强化中央和地方监管协同，以实现金融监管的全覆盖和有效性。这一措施有助于确保金融市场的稳定，及时发现和处置潜在的金融风险，防止风险的扩散和蔓延。金融监管总局多次强调，要全面落实强监管严监管要求，真正做到"长牙带刺"、有棱有角，着力加强金融法治建设，加快补齐监管制度短板。

2. 强化金融风险防范

金融法律强调金融风险的监测、识别、预警和早期纠正。我国的金融立法提出加强金融监管，强化机构监管、行为监管、功能监管、穿透式监管、持续监管和监管问责，提升监管能力和监管协同水平。这样的规定有助于防范流动性风险，增强银行体系的稳定性。《银行保险机构操作风险管理办法》明确了操作风险管理的基本原则和要求，旨在提高银行保险机构操作风险管理水平，确保金融安全。

3. 压实金融风险处置责任

金融法律明确了金融风险处置的责任分工，确保在金融风险发生时能够迅速有效地进行处置。金融法律凝聚了金融风险防范化解的实践和思考总结，并将此进一步制度化、法治化，是国家统筹金融风险防范化解，建立金融稳定长效机制的一大成果。这样的规定有助于形成有效的风险处置机制，防止金融风险的扩散和蔓延。

（三）保护消费者权益

金融法律强调金融消费者的保护，通过规定金融机构的信息披露义务、合同规范等，确保消费者能够获得公平、透明的金融服务。此外，对于金融消费者的教育和权益保护机制的建立，也是金融法律的重要组成部分。

1. 规定信息披露义务

金融机构被要求向消费者提供清晰、透明的信息，包括但不限于金融产品的特性、相关风险、费用结构以及服务条款等。例如，根据《中国人民银行金融消费者权益保护实施办法》，银行和支付机构在提供金融产品或服务时，必须向金融消费者披露影响其决策的所有重要信息，如权利义务、费用、风险等，确保消费者能够基于充分信息做出选择。

2. 规范合同

金融法律对金融机构与消费者之间的合同进行规范，禁止不公平条款和误导性宣传，确保合同的公平性和合法性。金融机构在与消费者签订合同时，必须使用清晰易懂的语言，并对关键条款进行特别提示，以便消费者理解其含义和后果。例如对于"复利""提前还款罚金"等术语，应以简明的语言向消费者解释其含义和可能的影响。[①]《中国人民银行金融消费者权益保护实施办法》中明确规定，银行、支付机构不得以通知、声明、告示等格式条款的方式作出含有减轻或者免除银行、支付机构造成金融消费者财产损失的赔偿责任等不公平、不合理的规定。

3. 消费者教育和权益保护机制

金融法律鼓励和要求金融机构开展金融知识普及和消费者教育活动，提高消费者的金融素养和自我保护能力。同时，法律还规定了消费者投诉处理机制，确

---

① 刘楠：《委托理财合同纠纷及其对银行的启示》，《银行家》2015 第 1 期，第 118-119 页。

保消费者的诉求能够得到及时和有效的处理。[①]《中国人民银行金融消费者权益保护实施办法》中提到，金融机构应当切实承担金融知识普及和金融消费者教育的主体责任，提高金融消费者对金融产品和服务的认知能力，提升金融消费者金融素养和诚实守信意识。

（四）支持金融创新活动

金融法律在规范市场的同时，也为金融创新提供了必要的法律支持。通过合理的法律制度设计，可以激励金融机构进行产品和服务创新，提高金融市场的效率和活力。同时，法律还能够为金融创新提供风险控制和权益保护，确保创新活动的健康有序发展。

1. 提供法律框架

金融法律通过确立一个清晰的法律框架和规则体系，为金融创新提供了坚实的基础。这个框架不仅明确了金融机构可以从事的业务范围，还规定了它们在开展业务时必须遵循的程序和标准。这样的法律环境有助于确保金融创新在法律和道德的边界内进行，防止出现违法和不道德的行为。对于新兴的金融科技公司而言，金融法律尤为重要，因为它们需要在资本充足率、客户信息保护、反洗钱等方面遵守严格的法律要求，以确保其业务的合法性和安全性。这些规定不仅保护了消费者和投资者的利益，还促进了金融市场的稳定和健康发展。通过这样的法律框架，金融机构能够在一个安全和有序的环境中进行创新，推动金融产品和服务的持续改进，满足市场和消费者的需求。

2. 激励创新

金融法律通过提供激励机制来鼓励金融机构进行创新。这些激励可能包括税收优惠、研发补贴、专利保护等，旨在降低金融机构创新的成本和风险。此外，监管沙盒是一种新兴的监管工具，[②]它允许金融机构在受控的环境中测试其创新

---

① 祝红梅：《普惠金融中国实践与展望》，中国金融出版社 2023 年版，第 89 页。

② 监管沙盒（Regulatory Sandbox）的概念最早由英国金融行为监管局（FCA）在 2015 年提出，旨在为金融科技公司提供一个安全的环境来测试其创新产品、服务和商业模式，而不必立即面临所有监管要求。这一概念迅速在全球范围内得到推广，许多国家和地区的监管机构都开始实施类似的沙盒计划，以促进金融创新并保护消费者权益。

产品或服务，而不必立即遵守所有现行的监管要求。这种灵活性为金融机构提供了实验和学习的机会，有助于推动创新的发展。

3. 风险控制

金融创新往往伴随着新的风险，如市场风险、信用风险、操作风险等。金融法律通过规定风险管理措施和监管要求，帮助金融机构识别、评估和管理这些风险。例如，法律可能要求金融机构建立风险管理框架，包括风险识别、风险评估、风险监控和风险缓解措施。此外，法律还可能要求金融机构进行压力测试和流动性管理，以确保它们能够抵御潜在的市场冲击。例如，《商业银行流动性风险管理办法》要求商业银行建立流动性风险管理策略、政策和程序，进行流动性风险压力测试，并制定有效的流动性风险应急计划。

（五）促进市场竞争

金融法律在促进金融市场公平竞争方面扮演着至关重要的角色。它通过一系列细致的法律规定和监管措施，确保市场的公平性和效率，从而为所有参与者创造一个健康和可持续的金融环境。

1. 反垄断法规

金融市场的健康发展依赖于竞争的活力。金融法律通过实施反垄断法规来防止任何单一实体或集团在市场中形成垄断地位。垄断不仅会损害消费者的权益，还会导致市场效率的下降。反垄断法规的核心目标是促进市场的竞争性，确保消费者能够获得更多样化的金融产品和服务，同时享有更合理的价格。

这些法规通常包括禁止限制竞争的协议、禁止滥用市场支配地位以及对合并和收购进行审查等。监管机构负责监督市场，确保所有参与者都在法律框架内公平竞争。例如，如果某个金融机构试图通过不正当手段排挤竞争对手，或者通过合并形成市场支配地位，监管机构可以采取行动，包括罚款、强制拆分或者限制其市场行为。

2. 反不正当竞争

不正当竞争行为不仅破坏了市场的公平性，还可能损害消费者的信任和市场的长期稳定。金融法律明确禁止了一系列不正当竞争行为，如价格操纵、虚假广告、商业诽谤等。这些行为扭曲了市场信号，误导了消费者，损害了诚实竞争的金融机构的利益。

为了打击这些行为，金融法律通常赋予监管机构广泛的权力，包括调查、处罚以及要求违规者进行赔偿等。此外，法律还鼓励消费者和市场参与者积极举报不正当竞争行为，通过法律途径维护自己的权益。通过这些措施，金融法律旨在营造一个公平、透明和诚信的市场环境，保护消费者和诚实竞争的金融机构。

3. 确立市场准入规则

市场准入规则是确保金融市场公平竞争的另一个关键要素。金融法律通过设定透明的市场准入规则，确保所有符合条件的市场参与者都能平等地进入市场。这些规则通常包括资本要求、管理能力和合规性标准等，旨在确保新进入者有足够的资源和能力来提供高质量的金融服务。

透明的市场准入规则有助于降低市场的进入壁垒，吸引更多的竞争者进入市场，增加市场的多样性和活力。这对于新兴的金融科技公司尤为重要，因为它们往往需要与传统金融机构竞争，但可能缺乏后者的资源和经验。通过提供公平的市场准入机会，金融法律有助于促进创新，推动金融市场的发展。

二、金融市场秩序的金融法律保障机制

金融市场秩序的金融法律保障机制是指通过法律手段来维护金融市场的稳定和秩序。金融法律保障机制共同构成了金融市场秩序的金融法律保障体系，确保金融市场的公平、公正和透明，维护金融市场的稳定和健康发展。

（一）金融风险防范机制

通过制定和实施一系列法律法规来建立金融风险的事先防范体系。这包括加强对金融机构的主要股东、实际控制人的市场准入和监管要求，以及建立风险监测预警机制和重大金融风险报告制度，实现对金融风险的早期识别和干预。

1. 风险的系统归类和分析机制

金融风险的早期识别首先需要对金融活动中可能遇到的风险类型进行详细的分类和分析。这包括但不限于市场风险（如价格波动导致的潜在损失）、信用风险（借款人或交易对手未能履行合同义务的风险）、流动性风险（资产无法在不

显著影响其价格的情况下迅速变现的风险）。[①] 此外，还应考虑操作风险（由于内部流程、人员或系统失败导致的损失风险）、法律和合规风险（违反法律法规导致的潜在损失）以及战略风险（由于战略决策失误导致的长期影响）。通过对这些风险类型的深入理解和分析，金融机构能够更好地评估其可能面临的风险敞口，并采取相应的风险管理措施。

2. 对风险识别的实地调查研究机制

实地调查研究是早期识别金融风险的另一个关键环节。这涉及到金融机构对借款人、交易对手或投资项目的现场考察，以收集第一手信息。通过与企业管理层的会谈、审查财务报表、观察生产设施和库存管理，金融机构能够更准确地评估企业的经营状况、财务健康状况和潜在风险。此外，实地调查还有助于发现潜在的欺诈行为或风险管理漏洞。通过对这些信息的综合分析，金融机构能够及时调整信贷政策、投资策略或风险控制措施，以降低潜在的金融风险。

3. 风险的度量和评估

风险的度量和评估是金融风险管理中的核心环节，它包括对风险发生的可能性估计、损失范围和程度的衡量，以及对不同情况下损失发生可能性的定量分析。

一是可能性估计。这一步骤涉及对风险发生概率的评估，通常需要分析历史数据、进行市场研究和情景模拟。例如，可以使用统计模型来分析历史市场数据，从而预测未来市场风险的可能性。此外，还可以通过构建不同的经济情景，评估在这些情景下风险发生的概率。

二是损失范围和程度衡量。在这一步骤中，需要对潜在损失的大小进行量化，这包括直接损失（如资产价值的减少）和间接损失（如声誉损害或业务中断造成的损失）。此外，还需要评估这些损失对金融机构运营和财务状况的影响。这通常涉及到建立损失分布模型，如使用价值在险或条件风险价值等风险度量工具来估计在一定置信水平下可能遭受的最大损失。

三是定量分析。定量分析是对风险的数值评估，它可以通过计算风险因素的暴露因子、单一损失期望、年度发生率和年度损失期望等指标来进行。这些指标

---

① 何枫；郝晶；谭德凯；王紫微：《系统性金融风险度量：一个文献综述》，《系统工程理论与实践》2023 年第 2 期，第 289-305 页。

帮助金融机构理解在最坏情况下可能面临的损失规模，从而为风险管理决策提供依据。

4. 风险管理对策的选择

在金融风险管理中，选择合适的风险管理对策是至关重要的。这不仅涉及到对风险的识别和评估，还需要根据风险的特点和机构的风险承受能力，选择最合适的风险管理工具。

一是工具选择。金融机构需要根据风险的类型和自身的风险承受能力，选择适合的风险管理工具。这可能包括衍生品对冲来管理市场风险，风险分散来降低特定资产的风险集中度，以及资本储备来应对潜在的信用风险。[①] 例如，通过购买保险或金融衍生品，可以将部分风险转移给其他金融机构，从而降低自身的风险暴露。

二是最优组合。风险管理工具的选择并非孤立进行，而是需要综合考虑各种工具的组合效应。通过将不同的风险管理工具进行组合，可以在风险控制和成本效益之间找到最佳平衡点。例如，一个金融机构可能同时使用风险分散和衍生品对冲的策略，以确保在不同市场条件下都能有效地管理风险。

三是建议提出。基于风险评估的结果，金融机构需要提出具体的风险管理建议。这包括策略调整，如减少对高风险资产的投资；政策制定，如建立更严格的信贷审批流程；以及操作流程改进，如提高交易系统的安全性和稳定性。这些建议应当旨在提高金融机构的整体风险管理能力，并确保其能够适应不断变化的市场环境。

（二）金融风险化解机制

金融风险化解机制是在金融风险出现时，通过一系列措施和手段，有效控制、减轻甚至消除风险的系统性安排。以下是金融风险化解机制的关键组成部分：

1. 法律手段的运用

法律手段在金融风险管理和化解中发挥着至关重要的作用。通过建立和完善相关法律法规，监管机构能够要求金融机构采取积极措施以预防和减少风险的发

---

① 李一鸣；徐朱媛；葛舒梦：《金融营销实务》，《东北财经大学出版社》2021年版，第175页。

生。例如，中国人民银行在 2024 年的金融稳定工作会议上强调了持续有效防控化解重点领域风险的重要性，并提出强化金融稳定保障体系的措施。这表明中国在金融监管方面采取了积极的态度和行动，以确保金融市场的稳定和健康发展。通过法律和监管框架的运用，可以确保金融机构在面对潜在风险时能够采取适当的预防和应对措施，从而保护投资者的利益，维护金融市场的稳定。

2. 早期纠正措施

金融管理部门和存款保险机构通过法律和监管框架采取早期纠正措施，以主动识别和化解金融风险。这些措施包括于要求问题机构在规定时间内补充资本、控制资产增长、限制重大交易授信和降低杠杆率等。例如，根据《存款保险条例》第十六条的规定，当投保机构因重大资产损失等原因导致资本充足率大幅下降时，必须按照存款保险基金管理机构、中国人民银行、银行业监督管理机构的要求及时采取上述措施。

如果投保机构在规定期限内未改进，存款保险基金管理机构可以提高其适用费率。这些早期纠正措施具有强制执行的法律效力，旨在推动问题机构及时控制风险，防止风险积累和扩大，从而保护存款人的利益，维护金融市场的稳定。通过这种方式，监管部门能够有效地介入并指导金融机构采取必要措施，以确保金融系统的稳健运行。

3. 地方政府的作用

地方政府在化解区域金融风险中扮演着至关重要的角色。通过与中央金融管理部门的紧密合作，地方政府不仅推动了地方金融改革和创新，还加强了地方金融监管，有效防范和化解了地方债务风险。例如，地方政府通过建立风险预警机制和债务管理系统，提高了对金融风险的识别和应对能力。[①] 同时，通过优化债务结构和推动债务重组，地方政府降低了债务风险，确保了财政的可持续性。

此外，地方政府还积极参与到金融监管体系的建设中，与中央金融监管部门协同工作，共同维护金融市场的稳定。例如，广东省地方金融监管局通过构建 P2P 网贷蜂巢（COMB）指数、小额贷款公司"楷模"（CAMEL+RR）监管评价体系、

---

① 李通屏；倪琳；彭欣源：《城市社会的城市化与中国道路》，商务印书馆 2023 年版，第 302 页。

交易场所强力（FORCE）指数等模型，采取基础报表和定性、定量等多维度指标，对各类地方金融机构开展风险评级画像。这些措施体现了地方政府在金融风险管理中的积极作用，有助于构建健康、稳定的金融环境。

4. 市场化资金的参与

市场化资金的参与在金融风险化解中发挥着重要作用。通过并购重组等方式，市场化资金能够增强金融机构的资本实力和风险抵御能力。例如，金融资产管理公司作为专门处置不良资产的机构，通过专业化的运作，聚焦不良资产处置主业，发挥其在金融风险化解中的独特功能。在政策层面，政府鼓励和支持市场化、法治化的方式，以有效应对外部冲击，守住不发生系统性风险的底线。同时，通过加快不良资产处置，银行业累计处置不良资产创新高，有效降低了信用风险水平。此外，政策还鼓励地方政府和金融机构合理运用债务重组、置换等手段，分类施策化解融资平台存量债务风险，严控增量债务，从而维护金融市场的稳定。这些措施共同构成了市场化资金参与风险化解的多维度策略，旨在通过市场机制和政策引导，实现金融风险的有效管理和金融市场的稳健发展。

（三）金融风险处置机制

金融风险处置工具和手段是一系列措施，用于解决金融机构在运营过程中出现的风险和问题，以维护金融系统的稳定和保护投资者的利益。以下是一些常见的金融风险处置机制。

1. 重组机制

金融机构的重组机制是指在面临财务困境或风险时，通过改变其资本结构、优化业务流程、改进管理方式等措施，以增强其资本充足率、盈利能力和风险管理水平。这可能包括资产剥离、债务重组、引入新投资者或管理层改革等。重组的目的是恢复金融机构的健康运营，确保其能够持续服务客户并为股东创造价值，同时维护金融系统的稳定性。自2020年以来，我国已有20多家中小银行完成或正在经历合并重组，这有助于整合区域内金融资源、提升抗金融风险的能力

2. 接管机制

接管机制是指在金融机构遇到严重经营困难或存在重大风险隐患时，金融监管机构依法介入，临时取得该机构的经营控制权。接管期间，监管机构可能进行

资产审查、债务重组、业务调整或寻找合适的战略投资者，以恢复金融机构的正常运营和财务稳健。这一措施是防范系统性金融风险的重要手段。

3. 托管

托管是当一家金融机构遇到经营问题或财务困境时，监管机构为了保护客户利益和金融市场稳定，将该机构的全部或部分业务及资产临时转移给一家运营状况良好的其他金融机构管理。这种安排允许问题机构在不中断服务的情况下进行重组或清算，同时确保客户资产安全和业务正常运行。托管可以是自愿的，也可能是监管机构根据法律法规强制实施的。

4. 撤销

撤销是指监管机构在评估金融机构的经营状况后，认定其无法通过重组、接管等手段恢复健康运营，且继续运营可能对金融系统稳定构成威胁时，依法采取的终止其经营活动的措施。这通常涉及吊销金融机构的营业执照，进行清算或破产程序，以保护存款人和其他债权人的利益。撤销是监管机构在金融风险处置中的最后手段，旨在防止风险扩散，维护金融市场的整体稳定。

5. 申请破产

申请破产是金融机构在面临资不抵债、无法持续经营时采取的法律手段。当金融机构无法通过其他风险处置工具恢复健康状态时，可依法向法院申请破产。破产程序包括破产清算，即变卖资产以偿还债务，和破产重整，即在法院监督下调整业务和财务结构，以期恢复偿债能力。破产机制旨在公平有序地处理金融机构的债权债务关系，保护债权人利益，同时为金融机构提供可能的重生机会。

6. 资本注入

资本注入是指为了增强金融机构的资本充足率和风险抵御能力，通过注入额外资本金的方式提供支持。这可以由政府、私人投资者或其他金融机构实施。公共资金注入通常发生在系统重要性金融机构面临危机，需要紧急援助以避免系统性风险扩散时。私人资本注入则可能涉及新的股东投资或现有股东的增资。资本注入旨在恢复市场信心，确保金融机构能够继续提供关键金融服务，同时保持金融系统的稳定性。

7. 资产剥离

资产剥离是一种金融风险处置策略，指的是将金融机构持有的不良资产或非核心业务单元出售或分离出去。这样做可以减少金融机构的资产负债表负担，提高其资本充足率，改善财务状况。[①]剥离通常涉及损失较大的贷款、投资或业务线，这些可能拖累整体业绩。通过剥离，金融机构能够专注于其核心业务，提升运营效率和市场竞争力，同时为恢复健康财务状况和支持未来发展打下基础。

8.债权人和股东权益调整

在必要时，需要调整债权人和股东的权益，包括债转股或权益稀释，以恢复金融机构的财务健康。债转股将债权转换为股权，改变债权人与企业的关系，使债权人参与企业经营决策，有助于企业降低负债率并恢复财务健康。权益稀释则通过发行新股份筹集资金，可能会降低现有股东的持股比例，但能增强企业的资本基础。这些措施的实施需遵循市场化、法治化原则，确保公平、透明，并保护债权人和股东的合法权益，同时也要防范道德风险，确保金融市场的稳定和经济的健康发展。

第二节　金融市场的法律规制

一、金融市场的主体

（一）金融机构的角色与作用

1.商业银行的中介作用

商业银行作为金融体系中的关键角色，其中介作用是金融活动的核心。商业银行通过吸收公众存款、发放贷款、提供支付结算服务等活动，促进了资金的有效流动和资源的合理配置。

---

① 雪琪：《资产剥离的动因及绩效分析》，《天津经济》2024 第 1 期，第 79-81 页码。

（1）资金的集中与分配。商业银行通过吸收存款，将社会上的闲散资金集中起来。这些资金可能来自个人、企业或政府机构。银行将这些资金以贷款的形式分配给需要资金的个人或企业，从而实现了资金的有效配置。这种资金的集中与再分配是商业银行最基本的中介作用。

（2）信用创造与货币供给。商业银行通过发放贷款，实际上创造了新的货币供给。当银行向客户发放贷款时，这笔贷款会以存款的形式出现在客户的账户中，从而增加了货币供应量。这种信用创造功能对经济增长至关重要，因为它提供了经济发展所需的流动性。

（3）风险管理与分散。商业银行在贷款过程中，会对借款人的信用状况、财务状况等进行详细调查，以评估贷款的风险。通过这种方式，银行帮助降低贷款违约的风险。同时，银行通过资产多样化和风险分散化策略，减少自身面临的信用风险、市场风险等。

（4）流动性转换。商业银行将短期存款转化为长期贷款，实现了资金的流动性转换。这种转换使得存款人可以随时提取存款，而贷款人则可以获得长期资金，满足了不同期限的资金需求。这种流动性转换是商业银行的重要功能，它使得资金能够更有效地服务于经济活动。

（5）支付结算服务。商业银行提供各种支付结算工具，如支票、电子转账等，促进了资金的快速流动和经济活动的顺利进行。商业银行的支付系统是现代经济不可或缺的一部分，它确保了交易的便捷性和安全性。

（6）信息中介。商业银行在贷款过程中，会对借款人的信用状况、财务状况等进行详细调查，这些信息对于其他市场参与者也是有价值的。商业银行通过提供这些信息，帮助市场参与者做出更明智的决策。

2. 投资银行的资本市场服务

（1）投资银行在资本市场中发挥着至关重要的作用，其服务内容广泛（图2-1），涵盖了企业成长的各个阶段。[①]

---

① 例如摩根斯坦利的投资银行部 通过直接投资于企业权益与债务证券或贷款给企业客户来提供融资。甚至还可以帮助政府机构融资和管理风险。

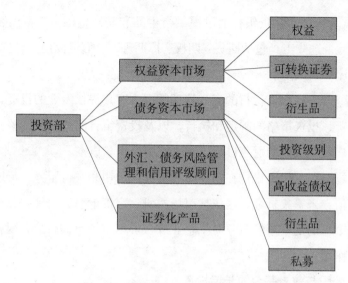

图 2-1　摩根斯坦利银行投资部业务

（2）融资服务。投资银行在企业的资本筹集活动中扮演着核心角色，通过首次公开募股（IPO）帮助企业在股票市场上募集资金，实现从私有到公开交易的转变。[①] 此外，投资银行还负责后续发行。在私募领域，投资银行协助企业与特定的投资者群体接触，以非公开方式筹集资金。

（3）并购与重组。在企业并购领域，投资银行提供全方位的顾问服务，包括识别潜在的并购目标、进行详尽的财务和战略尽职调查、提供公正的估值分析以及协助谈判和交易结构设计。

（4）证券交易。投资银行通过其交易部门为机构投资者和个人投资者提供股票、债券和其他证券的买卖服务。这些服务不仅包括执行交易，还包括提供市场流动性、进行市场分析和提供交易策略。投资银行的交易服务对于资本市场的效率和价格发现机制具有重要作用。

（5）战略咨询。投资银行的战略咨询服务帮助客户在复杂的市场环境中做出明智的决策。这包括对市场趋势的深入分析、对企业发展战略的规划，以及对资本结构的优化建议。投资银行的顾问团队通常由行业专家组成，他们能够提供定制化的咨询服务，以满足客户的特定需求。

---

① （美）乔舒亚·罗森鲍姆，乔舒亚·珀尔作；刘振山译：《投资银行 估值杠杆收购兼并与收购 IPO》，机械工业出版社 2022 年版，第 387 页。

（6）风险管理。投资银行通过提供衍生品和其他金融工具帮助客户管理和对冲各种风险。这些工具包括期货、期权、掉期等，它们可以用来管理市场风险、信用风险和流动性风险。

（7）资产管理。投资银行的资产管理部门为客户提供专业的投资管理服务，包括资产配置、投资策略的制定和执行，以及投资组合的监控和调整。这些服务旨在帮助客户实现长期的财务目标，同时控制风险和成本。

资本市场服务。投资银行在资本市场中提供承销和发行服务，帮助企业通过发行股票和债券来筹集资金。这包括市场调研、定价策略、销售和分销以及上市支持。投资银行的资本市场服务对于企业进入资本市场、提高知名度和吸引投资者具有重要作用。

3. 保险公司与养老基金的长期投资

保险公司和养老基金作为资本市场的重要参与者，其长期投资策略对于促进经济稳定增长和资本市场的健康发展具有重要作用。

（1）年金保险和人寿保险。这类产品通常具有养老属性，为投保人提供长期的养老金给付。它们是养老保障体系的重要组成部分，旨在为老年人提供稳定的收入来源。[①] 年金保险可以提供定期或终身的养老金，而人寿保险则在被保险人去世时为受益人提供一笔资金。这些产品的风险相对较低，适合风险厌恶的投资者。

（2）养老基金管理。养老基金管理是指专门针对养老资金的投资运作，包括公募基金、企业年金、职业年金等。这些基金通常采用多元化的投资策略，投资于股票、债券、货币市场工具等多种资产，以实现长期的资本增值和收益稳定。养老基金管理注重长期稳健的投资回报，同时也关注资产的流动性和安全性。[②]

（3）保险资金运用。保险公司在收取保费后，会将资金用于投资以获取收益，

---

① ［美］罗斯，肖慧娟等译：《货币与资本市场：全球市场中的金融机构与工具》，机械工业出版社 1999 年版，第 107-109 页。

② 例如，2022 年度我国基本养老保险基金权益投资收益额为 51.05 亿元，投资收益率为 0.33%，而自成立以来的年均投资收益率为 5.44%。这表明养老基金在保持稳健的同时，也取得了一定的增值效果。此外，公募基金行业管理的各类养老金资产合计超过 4 万亿元，显示出养老基金管理规模的庞大和对资本市场的潜在影响力。

支持保险产品的给付。这些投资可能包括基础设施建设、不动产、股权等多种资产类别。保险资金运用注重长期投资和价值投资，力求在风险可控的前提下实现资金的保值增值。

（4）长期健康保险和意外伤害保险。长期健康保险为被保险人提供持续的医疗费用保障，而意外伤害保险则在被保险人遭受意外伤害时提供经济补偿。这些产品通过长期的资金积累和风险分散，为投保人提供持续的保障。

（5）养老金融产品。养老金融产品是专为养老投资需求设计，通常采用FOF（简称"养老目标基金"）的形式，通过专业的资产管理和资产配置策略，为投资者提供养老资金的增值服务。[①] 养老金融产品强调长期投资和风险控制，适合有养老规划需求的投资者。

（二）个人投资者与机构投资者

1. 个人投资者的投资行为

个人投资者的投资行为是金融市场的重要组成部分，它们的决策和行为模式对市场动态和资本分配有着深远的影响。

（1）个人投资者投资动机与目标设定。个人投资者的动机多种多样，包括资本增值、收益获取、风险管理、退休规划、教育基金等。明确投资目标是投资行为的第一步，它影响着投资策略的选择和资产配置。例如，为了退休规划，投资者可能更倾向于长期投资和稳定收益的资产，如债券和分红股票。

（2）个人投资风险偏好与承受能力。个人投资者的风险偏好不同，有的偏好高风险高回报的投资，如股票和衍生品；有的则偏好稳健保守的投资，如银行存款和国债。风险承受能力则与个人的年龄、收入、财务状况和投资经验有关。年轻投资者可能更愿意承担风险，而接近退休年龄的投资者则可能更注重资产的保值。

（3）个人投资策略与资产配置。个人投资者在确定了投资目标和风险偏好后，会制定相应的投资策略。这可能包括资产配置、分散投资、定期投资和定投

---

① 裴勇：《养老目标证券投资基金采用 FOF 投资方式对企业年金投资的启示》，《清华金融评论》2018 年第 5 期，第 91-94 页。

等。资产配置是指在不同资产类别之间分配资金，以平衡风险和回报。分散投资则是在相同资产类别内选择不同的投资标的，以降低非系统性风险。

（4）个人投资市场参与与交易行为类型。个人投资者的市场参与方式多样，包括直接购买股票、债券、基金等，或通过退休账户、教育储蓄账户等间接投资。交易行为可能受到市场趋势、技术分析、基本面分析等因素的影响。一些投资者可能追求短期交易和时机选择，而另一些则可能采取长期持有策略。例如在2022年的金融市场中，超过半数的投资者采取了稳健型投资风格，对明星基金经理和历史高收益基金的追捧热情有所回落。

（5）个人投资税收规划与成本控制。税收对投资回报有显著影响。个人投资者需要考虑资本利得税、股息税、利息税等税收问题，并采取措施进行税收规划，如利用税收优惠账户、合理安排资产买卖时机等。同时，交易成本、管理费和佣金等也是投资成本的一部分，需要加以控制。

（6）个人投资绩效评估与调整。定期评估投资绩效是个人投资者的重要任务。这包括比较投资回报与基准指数、分析投资组合的表现以及评估投资策略的有效性。根据评估结果，投资者可能需要调整资产配置、更换投资标的或改变投资策略。

2.机构投资者的市场影响力

机构投资者在市场中扮演着举足轻重的角色，他们的投资行为不仅影响着资本市场的稳定性，而且在提高上市公司质量方面发挥着重要作用。

（1）通过资金影响。机构投资者通常拥有庞大的资金规模，他们的投资决策能够对证券价格产生显著影响。[①] 例如，他们的大规模买入或卖出可以引发市场趋势，引导其他投资者的交易行为，从而在市场中形成风向标效应。

（2）通过信息优势影响。机构投资者拥有专业的研究团队和先进的分析工具，能够进行深入的市场研究和公司分析。他们对市场的洞察力和对公司价值的评估能力，使他们能够发现并投资于具有长期增长潜力的公司。

（3）积极参与公司治理。机构投资者通过持有一定比例的股份，可以参与

---

① 孙维章；郭珊珊；佟成生；薛智中：《机构投资者持股、产品市场竞争与上市公司违规治理》，《南京审计大学学报》2022年第12期，第71-70页。

上市公司的治理。他们可以通过提案、投票和直接与管理层沟通等方式，影响公司的经营决策和战略方向，从而提高公司的透明度和运营效率。

（4）对市场的长期影响。与个人投资者相比，机构投资者更倾向于长期投资。他们通过长期持有股票，支持公司的发展，同时也为市场提供了稳定性。长期投资策略有助于减少市场的过度波动，促进资本市场的健康发展。

（5）减低市场风险。机构投资者受到严格的监管，需要遵守各种投资规则和合规要求。他们在投资过程中注重风险管理，通过多元化投资组合来分散风险，这有助于降低市场的系统性风险。

（6）引领市场趋势。机构投资者的投资行为往往会被市场密切关注，他们的投资策略和偏好可能会成为市场趋势的引领者。例如，他们对新能源、医药等行业的增持，可能会吸引更多资金流入这些领域，推动相关行业的发展。

3. 投资者教育与保护

投资者教育与保护是资本市场健康发展的基石，对于提升投资者的金融素养、引导理性投资、维护投资者权益具有重要意义，提升投资者的信心和满意度，促进构建公平、透明、高效的资本市场环境。

（1）风险管理与适当性匹配。证券公司和基金管理人在向投资者提供产品和服务时，必须遵守投资者适当性管理的要求，以确保所提供的金融产品或服务与投资者的风险承受能力相匹配。这包括了解客户的财务状况、投资知识、投资经验、投资目标和风险偏好等信息，以及对产品或服务的风险等级进行评估和分类。通过这些措施，机构能够向投资者提供与其风险承受能力相适应的产品或服务，避免不当销售，保护投资者的合法权益。例如，根据《证券期货投资者适当性管理办法》和《基金募集机构投资者适当性管理实施指引（试行）》，投资者被分为专业投资者和普通投资者，普通投资者进一步按风险承受能力分为 C1 至 C5 五个等级，而产品则分为 R1 至 R5 五个风险等级，以实现投资者与产品之间的适当性匹配。这些规定的目的是减少投资损失风险，增加投资收益的可能性，同时避免销售人员使用不当手段进行销售。

（2）投资者教育内容与形式。投资者教育内容包括证券市场知识、投资风险意识、权益保护知识等。教育形式多样，包括线上课程、线下讲座、模拟交易、投资者教育基地等，线上课程和线下讲座是投资者教育的两种常见形式。线上课程提供了便捷的学习方式，使投资者可以根据自己的时间安排进行学习，而线下讲座则提供了与专家面对面交流的机会，有助于深入理解和讨论投资相关问题。模拟交易是一种实践性极强的教育方式，它允许投资者在不承担实际财务风险的情况下体验股票交易的过程，从而提高他们的交易技能和决策能力。此外，投资者教育基地作为实体平台，提供了丰富的教育资源和互动体验，有助于投资者全面了解市场和产品。

（3）信息披露与透明度提升。上市公司和金融机构在向投资者提供产品和服务时，必须遵循信息披露和透明度提升的严格要求。这些要求确保了投资者能够获得真实、准确、完整和及时的信息，从而做出明智的投资决策。信息披露包括但定期报告、临时报告、招股说明书、募集说明书、上市公告书和收购报告书等。根据《上市公司信息披露管理办法》的规定，信息披露义务人应当及时依法履行信息披露义务，披露的信息应当真实、准确、完整，简明清晰、通俗易懂，不得有虚假记载、误导性陈述或者重大遗漏。上交所发布的《债券简明信息披露指南》通过简化流程和要求，更有效地揭示关键金融指标和风险信息。

（4）维权救济与纠纷解决。监管机构要建立多元化的投资者维权救济机制，包括投诉处理、纠纷调解、法律援助、代表人诉讼等，以便投资者在权利受到侵害时能够及时获得救济和赔偿。

二、金融市场准入与退出的法律框架

金融市场准入与退出的法律框架是确保金融市场健康有序运行的重要基础。准入法律框架主要涉及金融机构的设立条件、业务经营范围等方面，而退出法律框架则包括金融机构的破产、重整、接管、解散等程序和规定。

（一）金融市场准入的法律框架

1. 注册资本要求

金融机构的注册资本要求是确保其稳健经营和风险控制能力的重要法律手段。

根据《中华人民共和国商业银行法》和《金融资产投资公司管理办法（试行）》等相关法律法规，对金融机构有注册资本要求。商业银行的注册资本最低限额为

10亿元人民币，城市合作商业银行为1亿元人民币。商业银行需要满足一定的资本充足率要求，包括核心一级资本充足率不得低于5%，一级资本充足率不得低于6%，资本充足率不得低于8%。这些要求旨在确保银行有足够的资本来吸收潜在的损失，维护银行的稳健运营。商业银行的杠杆率不得低于4%，系统重要性银行在满足上述最低杠杆率要求的基础上，还应满足附加杠杆率要求。商业银行应在最低资本要求的基础上计提储备资本，储备资本要求为风险加权资产的2.5%，由核心一级资本来满足。

商业银行应在最低资本要求和储备资本要求之上计提逆周期资本，以应对经济周期波动可能带来的风险。除了最低资本要求、储备资本和逆周期资本要求外，国家金融监督管理总局及其派出机构有权在第二支柱框架下提出更审慎的资本要求，确保资本充分覆盖风险。

2. 股东资质

金融机构的股东资质要求确保了金融机构的稳健运营和保护消费者权益。股东需要满足一定的财务状况、管理经验、信誉记录等资质要求。

金融机构的股东需要具备良好的财务状况，包括资产负债率和杠杆率水平适度，债务规模和期限结构合理适当。这有助于确保股东具备持续出资能力和抵御风险的能力。股东应具有相关的管理经验，能够对金融机构的经营和管理提供有效的指导和监督。股东及其控股股东、实际控制人应具有良好的社会声誉和诚信记录，无重大违法违规记录。股东投资金融机构必须使用自有资金，资金来源真实合法，不得以委托资金、债务资金等非自有资金入股，不得虚假注资、循环注资和抽逃资本。对于主要股东或控股股东，监管机构会设定持股比例的上限或下限，以防止股权过度集中或分散。股东及其关联方、一致行动人的持股比例合并计算，确保股权关系真实、透明，严禁隐藏实际控制人、隐瞒关联关系、股权代持、私下协议等违法违规行为。

股东应当遵守法律法规、监管规定和公司章程，依法行使股东权利，不得滥用股东权利，不得干预金融机构的独立经营。

3. 管理层资格

金融机构的高级管理人员是金融稳定和风险控制的关键因素。

金融机构的高级管理人员需具备相应的资格和经验，通过专业培训和资质审查。管理层需熟悉并遵守经济、金融法律法规，具有与职务相适应的专业知识和工作经验，具备组织管理能力和业务能力，以及公正、诚实、廉洁的品质和正派的工作作风。金融机构的高级管理人员需具备与职务相适应的专业知识和工作经验。这通常意味着他们应具有金融、经济或相关领域的教育背景，以及在金融行业的实际工作经验。管理层应具备有效的组织管理能力，能够领导团队，制定和执行业务策略，确保机构运营的高效和有序。

高级管理人员应熟悉金融市场的运作，具备相应的业务能力，包括市场分析、风险评估和金融产品知识。管理层需熟悉并遵守经济、金融法律法规，确保金融机构的经营活动合法合规。金融机构的高级管理人员应具有公正、诚实、廉洁的品质，工作作风正派，能够树立良好的职业形象。高级管理人员应具备强烈的风险意识，能够识别和应对金融风险，保护金融机构和客户的利益。高级管理人员还需承担监督管理的责任，确保下属遵守内部控制和合规要求，防止违规行为的发生。

4.业务范围

金融机构的业务范围是其经营活动的核心，必须获得监管机构的批准，并且只能在批准的业务范围内开展活动。通过有效地控制金融机构的业务范围，防范金融风险，保护消费者权益，促进金融市场的健康发展。

金融机构在开展任何业务之前，必须向监管机构提交详细的业务计划和申请，经过审查批准后才能进行。这包括了对金融机构的资本充足性、风险管理能力、内部控制机制等方面的评估。金融机构的业务范围通常涵盖了存款、贷款、支付结算、资产管理、投资咨询、保险服务等多种金融服务。每种业务都可能有特定的法律法规要求和监管标准。金融机构的业务范围受到严格的法律法规限制。例如，银行可能被限制不得从事高风险的证券交易，而证券公司可能被禁止接受存款。这些限制旨在控制金融机构的风险暴露，保护消费者和市场稳定。如果金融机构希望扩展或变更其业务范围，必须向监管机构申请并获得批准。这通常涉及到提交新的业务计划、风险评估报告和合规性证明。

金融机构的业务范围不是一成不变的，监管机构会根据市场状况和金融机构的运营表现进行持续的监管和调整。金融机构需要定期报告其业务活动，并在必要时接受监管机构的检查和审计。

5. 营业场所和安全设施

金融机构的营业场所和安全设施是确保其稳健运营和客户资金安全的重要基础。金融机构需要有符合中国人民银行规定条件的营业场所，以及完备的防盗、报警、通信、消防等设施，确保机构运营的安全和效率。

金融机构的营业场所应具备适当的物理区域，用于处理现金出纳、有价证券、会计结算等业务。这些场所应设计为能够抵御外部威胁，如盗窃和抢劫，同时还要考虑到防火、防潮等自然灾害的防护措施。金融机构必须安装有效的安全设施，包括但不限于防盗门、防护窗、报警系统、监控摄像头、消防设备以及应急照明系统。这些设施旨在保护客户和员工的安全，同时确保金融资产的保管安全。根据我国《金融机构营业场所和金库安全防范设施建设许可实施办法》，新建或改建金融机构营业场所和金库前，必须向公安机关提出申请，并经过审批。公安机关将组织专家组对安全防范设施建设方案进行审查，并在工程竣工后进行验收。经验收合格的金融机构将获得《安全防范设施合格证》，该证书分为牌匾和纸质证书两种形式。牌匾需悬挂在营业场所显著位置，而纸质证书则由金融机构保存。

金融机构应定期进行安全自检，并接受公安机关的日常安全检查。公安机关将监督金融机构严格执行安全防范设施建设的相关规定，并在发现安全隐患时责令整改。

（二）金融市场退出的法律框架

1. 金融机构破产

金融机构破产是一个涉及多方面利益相关者的复杂过程，需要法院、金融监管部门、债权人以及其他市场参与者的共同努力，保护投资者和债权人的利益，同时维护金融市场的稳定。以确保法律框架的有效运行和金融市场的稳定。

在中国，金融机构破产的法律框架主要由《企业破产法》《中华人民共和国银行业监督管理法》《商业银行法》《保险法》等法律法规构成，同时最高人民法院也颁布了若干司法解释来进一步明确相关程序和规则。在破产程序中，金融机构的债权人，尤其是那些持有大量债权的金融机构，需要积极参与并推进破产程序。他们可以通过债权人会议等形式，对破产企业的重整计划或清算方案进行表决，并行使监督权，确保破产程序的透明和公正。

金融机构破产还涉及到风险处置和信用重建的问题。监管机构和法院需要协调合作，共同防范和化解金融风险，同时为破产重整后的企业重建信用提供支持。

2. 行政接管与撤销

当金融机构面临重大风险或违规行为时，金融监管部门可能会采取行政接管或撤销措施。这些措施都是金融监管机构为了维护金融市场的稳定和保护消费者权益而采取的重要手段。监管机构通过这些措施，可以有效地控制和化解金融机构的风险，确保金融市场的健康发展。

行政接管是指金融监管机构依法指派接管组接收金融机构，行使金融机构经营管理权，控制公司风险，保障其原有业务正常、合规运行的监管措施。接管期间，金融机构的股东大会、董事会、监事会将停止自主履行职责，而要按照接管组的要求或在其指导下来履行相关职责。[1] 对于金融机构来说，被接管后对外仍然是正常经营的，客户交易一般不受影响，资金的转入转出等正常经营活动也仍然正常进行。接管的目的在于保持金融机构的稳定经营，引入新的管理团队，清产核资，盘活资产，周转企业资金，并最终实现市场化重组。

金融机构的撤销是指监管机构依法终止金融机构的经营活动，并予以解散。撤销通常发生在金融机构违法违规经营、经营管理不善等情形，不予撤销将严重危害金融秩序、损害社会公众利益时。一旦金融机构被撤销，必须立即停止经营活动，交回金融机构法人许可证及其分支机构营业许可证，其高级管理人员、董事会和股东大会必须立即停止行使职权。随后，将由监管机构组织成立清算组，负责清算工作，包括保管、清理财产，编制资产负债表和财产清单，通知债权人，处理未了结业务，清缴税款，分配剩余财产等。

3. 重组与清算

金融机构的重组与清算是金融监管中重要的组成部分，它们通常在金融机构面临重大风险或无法持续运营时进行。重组的目的是恢复其财务健康和运营效率。如果重组不成功，金融机构将进入清算程序，通过出售资产和偿还债务来结

---

① 谭辉雄：《金融机构市场退出及其法律问题研究》，哈尔滨工程大学出版社 2011 年版，第 137 页。

束运营。

金融机构的重组是指通过改变其内部组织结构和经营方式，以恢复其财务健康和运营效率的过程。重组通常包括战略规划、组织设计、人力资源管理、财务重组和风险管理等方面。重组的目标是使金融机构能够更好地适应市场需求和提高竞争力。在重组过程中，金融机构可能会采取多元化的战略，如通过收购、合并或设立子公司等方式扩展业务领域。重组的成功关键在于能否有效地整合资源、提高效率并实现业务的持续增长。

如果金融机构重组不成功，或者其财务状况已经无法通过重组来恢复，那么金融机构将进入清算程序。清算是指通过出售资产和偿还债务来结束金融机构运营的过程。清算过程中，通常会成立清算组，负责处理金融机构的剩余资产和负债，包括与债权人协商债务偿还、处理未了结业务、分配剩余财产等。清算的目的是公平地保护债权人的利益，并确保金融市场的稳定。

金融机构的重组与清算需要遵循相关的法律法规，如《金融机构撤销条例》等，并且要经过监管机构的批准和监督。

4.退出时保护投资者和债权人利益

在金融机构退出过程中，法律框架应确保投资者和债权人的合法权益得到保护。这包括确保他们能够及时获得信息、参与决策过程，并在清算过程中获得公平的赔偿。

金融机构在面临退出市场的情况下，必须向监管机构和公众及时披露其财务状况、经营状况和风险情况，确保透明度。这有助于投资者和债权人了解机构的真实情况，从而做出合理的决策。在金融机构的重组或清算过程中，投资者和债权人应有权参与相关的决策过程。这可能包括参加股东大会、债权人会议等，对重组计划或清算方案进行投票。在清算过程中，应确保投资者和债权人按照法定的优先顺序和比例获得赔偿。这通常涉及到资产的分配，优先保障债权人的权益，特别是对于存款保险覆盖的存款人，应确保其存款得到优先偿还。

三、金融交易规则

（一）交易方式的法律规范

1.金融现货交易

现货交易在金融市场中扮演着至关重要的角色，它指的是在交易成立后立即或在两个工作日内完成交割的交易方式，通常涉及货币、商品、股票、债券等金融工具。现货市场以其价格透明、流动性强和交易成本低等特点，为投资者提供了一个高效的资金配置和风险管理平台。现货交易在全球范围内的金融市场都有广泛的应用，包括外汇市场、商品市场、股票市场等。投资者可以通过现货交易获得实物资产的所有权，并参与市场的价格波动，从中获利或进行风险管理。此外，现货交易还有助于市场的价格发现，为市场参与者提供了直接参与实物市场的机会。

现货交易的核心优势在于它的即时性和实物交割。即时性确保了交易的迅速执行，而实物交割则保证了买家能够实际获得所购买的资产。这与期货交易形成鲜明对比，后者涉及的是未来某个时间点的资产交割。现货交易的透明度和即时性吸引了那些倾向于直接交易的投资者，而不是涉及未来日期合约的复杂性。

现货交易的风险管理是确保投资者资金安全和收益稳定的关键。有效的风险管理方法包括了解市场和产品、制定交易计划、使用止损单、分散投资、保持流动性以及持续学习和适应市场变化。通过这些方法，投资者可以避免或减少现货交易中的潜在风险。

2.金融期货交易

金融期货交易是现代金融市场的重要组成部分，它为市场参与者提供了风险管理、价格发现和投机等多种功能，同时也需要在法律框架和监管要求下进行，以保护投资者的合法权益并维护市场秩序。

金融期货交易是一种在交易所内进行的标准化合约交易，它允许交易双方在未来的某个特定时间以约定的价格买卖金融资产。金融期货交易的职能主要包括风险管理和价格发现。通过金融期货交易，市场参与者可以锁定未来价格，规避价格波动带来的风险。[1]同时，金融期货市场的价格也反映了市场对未来金融资产价格走势的预期，有助于市场信息的传递和资源的有效配置。

金融期货的标的物包括货币、利率、股票指数等金融工具，其核心目的是为市场参与者提供风险管理工具，同时也可以用于投机和套利活动。金融期货交易的特点包括合约的标准化、交易所内的集中交易、保证金制度、逐日结算制度等。在金融期货交易中，保证金制度是控制风险和提高效率的重要手段。交易者必须在交易前交纳一定比例的保证金，并通过逐日结算制度来及时调整保证金账户，控制市场风险。

此外，金融期货市场还通过设置限仓制度、大户报告制度等措施来降低市场风险，防止人为操纵，提供公开、公平、公正的市场环境。此外，期货交易所和期货公司也需遵循相关的监管要求，以确保市场的公平和透明。例如，期货公司监督管理办法规定了期货公司的设立条件、业务范围、监督管理等内容，以保护投资者的合法权益。

（二）交易时间的法律规范

金融市场的交易时间由相关交易所或监管机构规定，如股票市场的交易时间通常为工作日的特定时段。这些规定旨在保证市场的有序运行。

全球金融市场通过分布在不同时区的交易所，实现了几乎全天候的交易活动。中国的沪深股市交易时间规定为周一至周五，上午9：30至11：30，下午13：00至15：00，而香港股市则为上午9：30至12：00，下午13：00至16：00。中国的金融期货交易所，如中金所，交易时间一般为上午9：30至11：30，下午13：00至15：00，且通常不设夜盘交易。

外汇市场由于其全球性质，交易时间几乎覆盖全天24小时。从亚洲的新西兰和澳大利亚市场开始，接着是亚洲的其他主要市场，如东京、新加坡，以及中国香港，然后是欧洲的伦敦和法兰克福市场，最后是美国的纽约市场。中国人民银行和国家外汇管理局已宣布，自2023年1月3日起，银行间人民币外汇市场的交易时间延长至北京时间次日3：00，以促进市场发展和扩大对外开放。

期货市场如上海期货交易所、大连商品交易所、郑州商品交易所等，提供日

---

① 李蛟，张欣：《国际金融实务》，北京理工大学出版社2019年版，第133页。

盘交易，部分品种还设有夜盘交易时段。例如，上海期货交易所的夜盘交易可能从晚上 21：00 开始，直至次日的 02：30 或 01：00。

全球股市的交易时间也有所不同，美国股市的交易时间为美国东部时间 09：30 至 16：00，而欧洲股市如伦敦证券交易所的交易时间为 16：00 至 00：30（冬令时）。亚洲股市如东京证券交易所的交易时间为 08：00 至 14：30。

对于全球金融市场的这种全天候交易特性，为投资者提供了灵活的交易机会。投资者在参与全球金融市场交易时，需要密切关注交易所发布的交易时间表，因为这些时间可能会因节假日、特殊情况或交易所的调整而发生变化。此外，市场的流动性和波动性在不同交易时段可能会有显著差异，这对于日内交易者尤其重要。

（三）金融交易价格的法律规范

金融交易价格的法律规范构成了金融市场健康有序运行的基石，涉及价格透明、公平竞争、消费者保护、风险控制等多个方面。在中国，这些规范主要体现在《明码标价和禁止价格欺诈规定》《中华人民共和国期货和衍生品法》《中国银保监会关于规范银行服务市场调节价管理的指导意见》等法律法规中。

为了保障价格透明，《明码标价和禁止价格欺诈规定》要求经营者必须公开标示价格等信息，禁止使用虚假或使人误解的价格手段进行交易。这有助于消费者和其他经营者清楚了解价格构成，维护市场秩序。其次，《中华人民共和国期货和衍生品法》针对期货交易和衍生品交易行为设定了规范，包括禁止操纵市场、内幕交易等违法行为，并规定了相应的法律责任。这些规定有助于防范金融风险，维护国家经济安全。

在银行服务领域，《中国银保监会关于规范银行服务市场调节价管理的指导意见》明确了银行服务价格的定价原则和监管要求，要求银行服务价格公开透明，合理反映服务成本和市场状况。此外，金融法律规范还包括对金融市场的宏观调控，如《重要商品和服务价格指数行为管理办法（试行）》规定了价格指数行为的规范，以促进价格指数市场健康有序发展。

（四）金融违法行为

1. 金融违法行为的定义、危害及法律禁止金融违法行为的目的

金融违法行为是指金融机构或个人在金融市场活动中违反国家金融管理法律

法规的行为。这些行为可能包括非法集资、内幕交易、财务造假、洗钱、未经许可经营金融业务等。金融违法行为不仅破坏了金融市场的公平竞争环境，还可能引发系统性金融风险，损害投资者和消费者的合法权益，影响金融市场的稳定和经济的健康发展。

金融违法行为的危害主要表现在以下几个方面：首先，它破坏了金融市场秩序，导致市场信号失真，影响资源的有效配置；其次，违法行为可能使投资者和消费者承担不必要的风险，造成财产损失，甚至引发社会不满和不稳定；再次，金融违法行为可能引发连锁反应，导致金融机构信誉受损，金融市场动荡，甚至引发金融危机；最后，这些行为还可能助长非法金融活动，侵蚀国家金融监管的有效性。

法律禁止金融违法行为的目的在于维护金融市场秩序，保护投资者和消费者权益，促进金融市场的稳定和健康发展。通过法律的规范和约束，可以有效地遏制违法行为，提高金融机构的合规意识，增强市场透明度，减少金融风险。同时，法律的威慑力有助于提高公众对金融市场的信心，促进金融市场的长期稳定和繁荣。此外，法律还通过设定相应的处罚措施，如罚款、吊销许可证、刑事处罚等，来增强监管的有效性，确保金融市场活动在法律框架内进行。

2. 金融违法行为的类型

金融违法行为是指在金融市场活动中违反国家金融管理法律法规的行为，这些行为不仅扰乱市场秩序，还可能引发金融风险，损害投资者和公众利益。以下是金融违法行为的主要类型：

（1）非法集资：指未经批准，通过许诺高额回报向社会公众吸收资金的行为，具有非法性、利诱性和社会性三个特征。非法集资行为可能构成非法吸收公众存款罪或集资诈骗罪，需承担相应的刑事责任和行政责任。

（2）内幕交易：指内幕人员或非法获取内幕信息的人员，在内幕信息公开前，利用该信息进行证券交易或泄露给他人的行为。内幕交易违反了证券市场的公平原则，破坏了市场秩序，行为人需承担相应的法律责任。

操纵市场：指利用资金、信息或持股优势，通过不正当手段影响证券价格或交易量，诱使他人参与交易，以谋取不正当利益的行为。操纵市场行为包括虚买虚卖、相对委托、连续交易和联合操纵等。

虚假陈述：指在证券发行或交易过程中，故意提供虚假或误导性信息，或隐瞒重要事实，使投资者无法做出正确判断的行为。虚假陈述可能构成欺诈发行证券罪或虚假陈述罪，需承担刑事责任和民事赔偿责任。

洗钱活动：指将犯罪所得及其产生的收益通过金融机构或其他方式掩饰、隐瞒其来源和性质，使其在形式上合法化的行为。洗钱行为破坏了金融秩序，行为人将面临刑事处罚。

非法经营金融业务：指未经金融管理部门批准，擅自设立金融机构或从事金融业务活动的行为。非法经营金融业务活动扰乱了金融市场秩序，行为人将受到法律的严厉处罚。

违反外汇管理规定：指未经批准擅自经营结汇、售汇业务，或者从事其他违反外汇管理条例的活动。违反外汇管理规定的行为会破坏国家外汇管理秩序，行为人将受到相应的行政处罚，情节严重时可能构成犯罪。

这些金融违法行为的共同特点是违反了金融市场的规则和秩序，损害了投资者和其他市场参与者的合法权益，增加了金融市场的不确定性和风险。因此，监管机构不断加强监管力度，完善法律法规，以维护金融市场的稳定和健康发展。

3. 法律对金融违法行为的规制

法律对金融违法行为有严格的规制，旨在维护金融市场秩序，保护投资者和公众利益，防范和化解金融风险。

监管机构可以通过现场检查、非现场监管、市场准入管理等手段，加强监管力度，预防和打击金融违法行为。对于金融机构的违法行为，监管机构如中国人民银行可以依法给予行政处罚，包括警告、罚款、没收违法所得、吊销许可证等。对于构成犯罪的金融违法行为，如非法吸收公众存款罪、集资诈骗罪、内幕交易罪等，依法追究刑事责任，可能包括罚金、有期徒刑、无期徒刑等刑罚。

4. 纪律处分

对于金融机构的工作人员，根据其违法行为的严重程度，可以给予警告、记过、记大过、降级、撤职、留用察看、开除等纪律处分。在处理金融违法行为时，监管机构将依据《中华人民共和国银行业监督管理法》《中华人民共和国商业银行法》《中华人民共和国保险法》等相关法律法规进行。

第三章 金融市场监管的实践与挑战

第一节　监管中的法律问题与挑战

一、金融监管难题

（一）监管全覆盖的挑战

实现金融监管全覆盖，消除监管空白和盲区，是全面加强金融监管的挑战。

金融活动的复杂性不断增加，特别是金融科技的快速发展带来了新的金融产品和服务，如数字货币和网络借贷等，给监管带来了前所未有的挑战。监管机构需要不断更新知识和技能，以跟上金融创新的步伐。

金融科技的"颠覆性创新"推动了金融业的转型升级，也预示着传统金融监管将迈向新的范式。技术驱动的金融创新容易引发技术风险、信息风险与合规风险。例如，数字货币的发行与交易依赖于复杂算法，涉及庞大的数据计算和个人信息交互，面临着多样的风险。

监管空白和盲区是当前金融监管面临的突出问题之一，尤其是在新兴金融领域。随着金融科技的快速发展，许多新业态、新模式不断涌现，而这些领域往往缺乏明确的监管规则或监管机构，导致监管覆盖不到位。例如，加密资产的快速增长及其与受监管金融体系的联系不断增加，带来了监管挑战。

（二）防范化解金融风险的挑战

金融风险是指在金融活动中由于各种不确定性因素导致损失发生的可能。随着全球经济的一体化和金融市场的快速发展，金融风险变得更加复杂和多样化。[①]

---

① 殷平生.金融风险管理［M］.西安：西安电子科技大学出版社，2023：2.

主要的金融风险包括市场风险、信用风险、流动性风险、操作风险、法律和合规风险、系统性风险、利率和汇率风险、政治风险、技术风险、系统风险、环境风险。

1. 市场风险

市场风险是指未来市场价格（利率、汇率、股票价格和商品价格）的不确定性对企业实现其既定目标的不利影响。市场风险可以分为利率风险、汇率风险、股票价格风险和商品价格风险，这些市场因素可能直接对企业产生影响，也可能是通过对其竞争者、供应商或者消费者间接对企业产生影响。

2. 信用风险

信用风险是金融领域中的一种关键风险，主要指交易对手未能履行合同义务的风险。这种风险普遍存在于贷款、担保、承兑和证券投资等多种金融活动之中。[①]银行作为信用风险的主要承担者，如果无法及时识别潜在的违约资产并采取措施，比如增加坏账准备金，或在适当时候停止确认利息收入，可能会遭受严重的财务损失。

3. 流动性风险

流动性风险主要是银行在短期内无法以合理成本获得充足资金，以满足其财务义务的风险。这种风险可能导致银行无法满足客户提款需求或履行其他支付义务，从而影响银行的盈利能力和市场信誉。流动性风险的产生通常与银行的资产和负债管理有关，如资产和负债的期限错配、市场资金的紧张状况、信用风险的暴露等因素相关。[②]

4. 操作风险

操作风险是由于公司操作中的失误或失败而产生的风险，这类风险可能源于内部流程的不足、员工的错误、系统故障或外部事件的影响。操作风险的管理是企业风险管理的一个关键组成部分，它包括识别、评估、监控和控制可能导致损失的风险源。操作风险的类型主要有：

内部欺诈，是员工为了个人利益而进行的欺诈行为。外部欺诈，外部人员对

---

① 程昊；杨佳铭.信用风险模型的演进与发展 ［J］.中国金融，2024（13）91-92.

② 李硕；侯晓辉.流动性风险、信用风险与商业银行流动性创造[J].经济纬，2020（4）168-176.

公司的欺诈，如供应商欺诈或客户诈骗。

雇佣惯例和工作场所安全，招聘不恰当的员工或工作场所的安全问题。

客户、产品及商业惯例，客户关系管理不当或产品设计缺陷。

实物资产损坏，设备或资产的意外损坏。

业务中断和系统失灵，IT系统故障或自然灾害导致的业务中断。

交割及流程管理，交易处理错误或流程执行不当。

5. 律和合规风险

法律和合规风险涉及因违反法律法规或监管要求而可能遭受的损失。法律风险主要指企业因未能遵守法律法规而导致的潜在法律责任和损失，包括但不限于罚款、赔偿、诉讼费用等。它可能涉及到合同纠纷、劳动法违规、知识产权侵权等方面，通常与具体的法律事件或行为有关。合规风险则侧重于企业是否遵守了更广泛的规则和准则，这不仅包括法律法规，还涵盖监管政策、行业惯例、企业内部规章制度以及商业伦理等。合规风险管理的目标是遵循和符合这些规定，以避免因违规行为导致的法律制裁、财务损失或声誉损害。

6. 利率和汇率风险

利率和汇率风险涉及利率变动对借款成本和汇率变动对跨国交易的影响。利率和汇率风险是金融市场中两种重要的风险类型，它们对经济主体的财务状况和经营决策有着显著影响。

利率风险主要指的是市场利率变动对金融产品价值和收益的影响。当市场利率上升时，固定利率的债务融资成本会增加，而浮动利率的债务成本则可能相对稳定。对于借款者而言，如果借款利率与市场利率挂钩，那么市场利率上升将直接导致其还款额的增加，从而增加了财务负担。此外，利率变动还会影响投资决策，因为不同投资项目的收益与市场利率密切相关。例如，利率上升可能会使得债券投资的吸引力下降，因为新发行的债券通常会提供更高的利率，使得现有债券价格下跌。

汇率风险则涉及货币价值波动对跨国交易和投资的影响。汇率波动会影响进出口商品的价格，进而影响企业的盈利能力和国际竞争力。对于跨国公司而言，汇率变动可能导致其海外资产和负债的价值波动，从而影响其财务状况。

7. 政治风险

政治风险主要包括政权风险、制度风险、政局风险、政策风险和对外关系风险等。在全球化和信息化的背景下，政治风险一旦触发，可能会产生连锁反应，从局部性风险演变成整体性风险，需要引起高度警惕和重点防范。因此，提高防范政治风险的能力，对于确保长治久安具有重要意义。

8. 技术风险

技术风险包括系统漏洞、黑客攻击、数据泄露等，这些风险可能对金融系统的稳定性和安全性造成威胁。技术风险在金融领域尤为突出，系统漏洞、黑客攻击、数据泄露等问题不仅威胁着金融机构的资产安全，也可能导致客户信息的外泄，进而影响整个金融系统的稳定性和安全性。

金融机构通常存储和处理大量敏感数据，一旦遭受攻击，不仅会造成直接的经济损失，还可能导致市场信心下降，引发连锁反应。

9. 系统风险

系统漏洞的存在使得金融机构的信息系统成为黑客攻击的目标，系统漏洞是金融科技领域面临的主要技术风险之一，它们被黑客利用以获取未授权的访问权限，从而导致资金被盗或信息被非法获取。这些漏洞可能存在于金融机构使用的软件、硬件或网络协议中，使得系统容易受到攻击。数据泄露事件的发生不仅损害了客户的利益，也破坏了金融机构的声誉，严重时甚至可能触发法律诉讼和监管处罚。

10. 环境风险

环境风险对金融的影响是多方面的，金融机构可能因为环境风险而面临资产贬值、信贷风险增加、保险索赔上升以及合规成本增加等问题。

信贷和投资风险：如果借款方或投资的企业因为环境问题导致运营受阻或资产受损，金融机构可能面临违约风险，从而影响其资产质量和盈利能力。保险业的影响：自然灾害的增加可能导致保险索赔的频率和规模增加，影响保险公司的偿付能力和财务稳定性。

（三）金融消费者权益保护的挑战

金融消费者教育不足是一个突出问题，许多消费者缺乏必要的金融知识和风险意识，这使得他们容易受到金融诈骗和误导宣传的侵害例如，一些不法分子通过仿冒正规金融机构的网络平台，诱导消费者进行投资，最终导致消费者承受巨大损失。在一些案例中，诈骗者通过社交平台吸引投资者，并冒充专业金融顾问提供错误信息，诱骗消费者进行高风险投资

在数字经济时代，金融机构因其庞大的数据存储和复杂的数据处理流程，成为了数据泄露和滥用的重灾区。消费者个人信息的保护成为了金融行业的重要议题。其中，隐私保护和数据安全漏洞是金融消费者权益保护面临的主要挑战。一方面，金融机构在处理个人信息时，可能由于内部管理不到位或系统安全防护不足，导致数据泄露。例如，银行或保险公司可能因为员工操作不当或系统漏洞，泄露客户的银行账户信息或交易记录。[①]另一方面，内部威胁也是数据安全的一大隐患，金融机构的员工可能利用职务之便非法获取和出售客户信息。

金融科技的发展带来了技术风险和信息风险，监管机构需要通过人工智能等技术手段提升监管能力，实现金融监管的转型与重塑。

（四）金融监管人才资源紧张的挑战

监管人才短缺。随着金融市场的快速发展和金融产品的日益多样化，对金融监管人才的需求不断增加。[②]然而，高素质的金融监管人才相对缺乏，尤其是那些既懂金融又懂法律，同时具备良好数据分析能力的复合型人才。这种短缺在基层监管机构尤为明显，这些机构常常面临人员编制不足、经费有限等问题，导致监管工作难以全面覆盖。

1. 专业技能与经验不足

金融监管工作专业性强、复杂程度高，需要监管人员具备相应的专业知识和丰富的经验。然而，现实中存在监管人员对科技了解和掌握不多，难以深入科技系统实施监管，提高监管效率的问题。

2. 宏观风险识别能力不足

金融监管人员往往难以有效识别和判断宏观经济形势，对把握系统性金融风

---

① 贾俊英.如何加强存款客户信息保密安全管理［J］.中国银行业 2020（6）81-83.

② 高正达.金融监管人才在监管体制改革下的角色与使命［J］.财讯，2023（7）：41-44

险缺乏认识，导致监管工作常常滞后于风险的发展。

3. 国际化水平有待提高

在全球化的金融市场中，金融监管人才需要具备国际化视野和跨文化交流能力。然而，目前金融监管人才的国际化水平尚需提升，特别是在了解国际经贸金融规则和秩序、提升国际交流能力方面。

二、国际金融监管合作中的法律问题

（一）跨国监管空白和监管套利

在全球化的金融环境中，跨国监管空白和监管套利问题日益凸显。监管空白指的是某些金融活动或产品不受到任何国家监管机构的监管，而监管套利则指金融机构利用不同国家监管规则的差异来逃避监管或减少监管成本的行为。随着金融机构和资本市场的跨国界流动更加频繁，这些现象可能导致金融市场的不稳定和风险积累。

监管空白可能由多种因素造成，包括国家间监管政策的差异、金融创新的速度超越监管能力，以及跨国金融活动的复杂性等。监管套利的存在，使得金融机构可能会选择在监管较松的国家或地区开展业务，从而避开监管较严格地区的法规束缚。

监管套利是指金融机构利用不同监管体系的差异来选择对自己最有利的监管环境，以此来降低监管成本、规避监管要求或获取额外收益的行为。这种行为不仅削弱了监管的有效性，还可能导致风险的隐匿和累积，增加了金融系统的脆弱性。

影子银行系统是监管套利的一个典型例子。影子银行系统包括了传统银行体系之外的信贷中介活动，这些活动往往不受传统银行监管体系的约束。[1] 在金融危机中，影子银行体系由于其不透明性和监管缺失，成为了风险积累的重要渠道。

---

① 侯成琪；黄彤彤．影子银行、监管套利和宏观审慎政策［J］．经济研究，2020（7）：58-75.

（二）国际监管标准和原则实施的差异

在全球化的金融环境中，国际监管标准和原则的实施差异是一个重要问题。国际金融监管合作旨在制定和遵守统一的监管标准和原则，例如巴塞尔协议（Basel agreement）对银行资本充足率的要求。这些标准的制定通常需要国际协商和合作，但实施则通常由各国监管机构负责，这可能导致执行力度和效果的差异。

巴塞尔协议作为国际银行监管的标杆，旨在加强银行业的稳健性和稳定性，减少银行破产的风险。然而，不同国家和地区在实施这些协议时可能会有不同的解读和执行力度，这可能导致监管套利，即金融机构可能会选择在监管较松的国家或地区开展业务，从而避开监管较严格地区的法规束缚。

监管差异可能源于多种因素，包括各国金融系统的差异、法律和监管框架的不同、文化和语言差异，以及监管资源和能力的差别。这些差异可能导致监管效果的不一致，增加了跨国金融监管的复杂性。例如，不同国家的金融市场结构、银行业务模式和产品类型可能存在显著不同，这导致即使在采用相同国际标准的情况下，各国在实施细节上也可能存在差异。

此外，不同国家的法律体系，如普通法系和大陆法系国家，在金融合同的解释和执行上可能有所不同，进而影响监管的实施效果。监管资源和能力的差异也不容忽视，一些国家可能缺乏足够的监管人才或先进的监管技术，这限制了其实施高标准监管的能力。

（三）主权债务危机的问题

主权债务危机是一个复杂的问题，它涉及到一个国家偿还其外债的能力。当一个国家无法按时偿还债务时，可能会出现主权债务危机。这些危机的解决通常需要国际监管机构的介入，如国际货币基金组织（IMF）。IMF可以提供财务援助，但这通常伴随着对债务国进行经济改革的要求。

在债务重组的过程中，涉及到诸多法律问题，包括但不限于债务的可持续性、债权人和债务国的权利与义务，以及债务合同的执行等。债务的可持续性是指一个国家长期偿还债务的能力，而不影响其经济和社会发展。为了评估这一点，分析人员会考虑国家的经济增长前景、财政状况和债务水平。

债权人和债务国的权利与义务是债务重组讨论中的核心议题。债权人希望尽可能多地回收他们的资金，而债务国希望在不付出过高代价的情况下恢复其在金融市场上的地位。这通常需要通过谈判来解决，因为目前没有主权国家破产法院来强制执行解决方案。重组成功的话，可以避免长期的经济衰退和市场不稳定。

债务合同的执行也是一个关键问题。债务合同通常包含集体行动条款（CATs），这些条款在债务重组中发挥关键作用。然而，非债券债务的重组和缺乏债务透明度等问题，使得债务重组过程变得复杂。此外，官方债权人和私人债权人在债务重组中的角色和责任也需要明确。

（四）跨境金融机构的监管难度

跨境金融机构的监管难度体现在如何合理分配母国和东道国监管责任的问题上。随着全球化的推进，金融机构的跨国经营活动更为频繁，它们的业务往往不受单一国家监管体系的全面覆盖，因此需要母国和东道国之间进行有效的监管合作和协调。

一方面，母国监管机构通常对金融机构的整体运营和集团层面的风险管理负有责任，它们通常负责制定适用于金融机构全球业务的监管规则，并监督这些规则的执行情况。母国监管机构的重要作用在于确保金融机构在全球范围内的稳健经营，防止系统性风险的积累。另一方面，东道国监管机构负责金融机构在本国的业务活动，并确保它们遵守当地的法律法规。这包括对金融机构的日常运营、市场行为、消费者保护等方面进行监管。东道国监管机构面临的挑战在于如何在保护本国金融市场和消费者权益的同时，避免对跨境金融机构的业务造成不必要的干扰。

具体而言监管难度的主要表现有：

（1）监管标准和要求的差异：不同国家和地区的监管体系和标准可能存在差异，导致监管套利行为，即金融机构可能会选择在监管要求较为宽松的地区开展某些业务。

（2）信息共享和监管合作的局限性：有效的跨境监管需要母国和东道国监管机构之间进行密切的信息共享和合作，但这在实际操作中可能受到法律法规、技术和资源等多方面的限制。

（3）危机管理和处置的复杂性：一旦金融机构陷入困境，如何在不同国家的法律和监管框架下进行有效的危机管理和风险处置，是监管机构面临的另一个挑战。

（4）监管资源和能力的不平衡：不同国家的监管资源和能力存在差异，一些小型或发展中国家可能缺乏足够的监管资源和专业技能，以应对大型跨国金融机构的监管需求。

（五）国际金融争端解决难题

国际金融交易中出现的争端需要通过国际仲裁或法院来解决。这些争端解决过程通常涉及一系列复杂的法律问题，包括法律适用、争端解决机制的选择以及判决的国际执行等。[①]

法律适用问题涉及到在国际金融争端中应使用哪国或哪些国家的法律作为裁决的基础。由于不同国家的法律规定可能存在差异，因此选择合适的法律体系对于争端的公正解决至关重要。

争端解决机制的选择也是一个重要问题。国际仲裁是一种常见的解决方式，它允许争端双方在没有直接涉及国家法院的情况下解决争议。仲裁通常更加灵活、快捷，并且裁决通常在国际上得到广泛承认和执行。然而，仲裁程序可能成本较高，并且程序的公正性和透明度有时也受到质疑。

判决的国际执行问题涉及到如何确保一个国家作出的裁决能在另一个国家得到有效执行。这通常需要依据国际条约，如《纽约公约》等，该公约为外国仲裁裁决的承认和执行提供了框架。

在解决国际金融争端时，国际货币基金组织（IMF）等国际监管机构可能介入，特别是在涉及主权债务危机的情况下。IMF 可以提供财务援助，并协助债务重组过程，但这通常伴随着对债务国进行经济改革的要求。

在处理国际金融争端时，还需要考虑到国家主权和平等原则，确保争端解决过程公正、透明，并且尊重各国的法律和司法主权。这要求国际社会共同努力，建立更加完善的争端解决机制和法律框架，以应对全球化背景下日益复杂的国际金融关系。

---

① 孙珺.全球治理视角下的国际经济法［M］.北京：北京大学出版社，2021：45.

（六）金融监管的国际协调难题

国际金融监管合作旨在确保全球金融系统的稳定与公平，但实现这一目标面临着诸多挑战。其中，如何有效协调各国监管机构之间的合作是一个核心问题。这不仅涉及到监管政策的一致性，还包括监管行动的同步，以及如何确保各国监管机构之间的信息共享和决策一致性。

首先，不同国家和地区的金融监管框架存在差异，这可能导致监管套利，即金融机构可能会选择在监管较宽松的地区开展业务，以规避更严格的监管。此外，各国金融监管机构的资源和能力也不尽相同，一些国家可能缺乏足够的资源来有效实施国际监管标准。

其次，监管政策的协调也是一个挑战。国际金融监管合作需要各国监管机构共同制定和遵守统一的监管标准和原则，例如巴塞尔协议（Basel agreement）对银行资本充足率的要求。然而，这些标准和原则的实施通常由各国监管机构负责，这可能导致执行力度和效果的差异。

此外，监管行动的同步也是国际金融监管合作中的一个难题。在跨国金融活动中，需要各国监管机构能够同步采取监管措施，以避免因监管时差而导致的市场不公平。这要求各国监管机构之间建立有效的沟通机制和协调平台。

（七）金融服务贸易自由化挑战

金融服务贸易自由化是世界贸易组织（WTO）推动的一个重要议题，旨在降低全球金融服务市场的准入壁垒，实现金融服务提供者的国民待遇，从而促进国际贸易的扩大和深化。然而，在实施过程中，确实存在不少法律和监管方面的挑战。

首先，市场准入和国民待遇是 WTO《服务贸易总协定》（GATS）下的两个核心概念。市场准入指的是允许外国服务提供者进入一个国家市场的程度，而国民待遇则是指外国服务提供者在进入市场后能否获得与国内服务提供者相同的待遇。在金融服务领域，这些承诺是通过成员国提交的具体承诺表来实施的，但不同国家根据自身情况所做出的承诺水平存在差异。

其次，监管差异也是一个重要问题。不同国家的金融监管体系可能在监管方法、资本要求、透明度和披露标准等方面存在差异，这可能导致监管套利行为，即金融机构可能会选择在监管较宽松的国家或地区开展业务以规避更严格的监管。

此外，监管政策的协调也是一个挑战。虽然 GATS 框架下的金融服务协议为金融服务的国际贸易提供了法律框架，但各国在实施过程中仍需解决如何协调监管政策的问题，以确保全球金融市场的稳定和公平竞争。

判决的国际执行问题也不容忽视。在跨境金融服务中出现的争端可能需要通过国际仲裁或法院来解决，这涉及到法律适用、争端解决机制的选择以及判决的国际执行等问题。这要求建立有效的国际争端解决机制，以确保判决能够得到国际上的承认和执行。

第二节　金融监管机构的组织与职能

一、金融监管机构的设置与运作

（一）金融监管机构的设置

1. 金融监督机构沿革和设置

中国的金融监管机构之间存在着明确而细致的相互关系和职责分工，以确保金融市场的稳定和高效运行。在中国，金融监管体系经历了多次改革，以适应不断变化的金融环境和市场需求。中国金融监管体系经历了多次重要的变革，以适应经济发展的需要和金融市场的变化。

（1）从一行三会到一行两会：最初，中国金融监管体系是由中国人民银行（央行）以及三个专业监管机构——中国银行业监督管理委员会（银监会）、中国证券监督管理委员会（证监会）和中国保险监督管理委员会（保监会）构成的"一行三会"格局。随着金融业的快速发展和混业经营的趋势，银监会和保监会在 2018 年合并为中国银行保险监督管理委员会，形成了"一行两会"的新格局。

（2）银保监会的成立和使命：银保监会的成立是为了更好地整合监管资源，

提高监管效率和效果，同时防范和化解金融风险。

（3）国家金融监督管理总局的成立：2023年，为了进一步加强金融监管，保护消费者权益，防范金融风险，中国成立了国家金融监督管理总局，这标志着中国金融监管体系进入了一个新时代。

时间	监督机构及职责	简称
2003年	人民银行：制定、执行货币政策； 证监会：监督管理证券期货市场； 保监会：监督管理保险业； 银监会：监督管理银行业；	一行三会
2018年	人民银行：制定、执行货币政策； 证监会：监督管理证券期货市场； 银保会：监督管理银行业、保险业；	一行两会
2023年	人民银行：制定、执行货币政策； 国家金融监督管理总局：履行金融监管职责，负责证券业之外的金融业监管； 证监会：调整为"国务院直属机构"，监督管理证券期货市场；	一行一局一会

中国的金融监管机构主要包括以下几个方面：

中国人民银行（PBOC）：作为中央银行，主要负责制定和执行货币政策，维护金融稳定，并监管系统重要性金融机构。

国家金融监督管理总局（CBIRC）：在中国银行保险监督管理委员会（CBIRC）的基础上组建，统一负责除证券业之外的金融业监管，强化机构监管、行为监管、功能监管、穿透式监管、持续监管，维护金融业合法、稳健运行。

中国证监会（CSRC）：调整为国务院直属机构，负责证券期货市场的监管。

地方金融监督管理局：地方政府设立的金融监管机构，负责地方金融活动的监管。

2. 相互关系

这些监管机构通过各自的职责和权力，相互协调，共同维护金融市场秩序，防范金融风险，保护消费者权益，并推动金融行业的健康发展。

在监管关系上，中国人民银行作为中央银行，发挥着宏观调控和宏观审慎管理的作用，与国家金融监督管理总局、中国证监会以及地方金融监督管理局存在着指导和协调的关系。国家金融监督管理总局和中国证监会分别负责不同领域的金融监管工作，它们之间也存在协作与协调机制，共同维护金融市场的稳定。地方金融监督管理局则在国家金融监督管理总局和中国证监会的政策框架下，执行地方金融监管和风险防控的职责。例如，国家金融监督管理总局与央行在维护金融稳定、防范系统性风险方面需要紧密合作。

在信息共享方面，监管机构之间共享监管信息，以便有效地监管金融市场和金融机构。例如，国家金融监督管理总局与证监会在投资者保护方面需要进行信息共享和协作。

3. 当前监管机构职责及运行

（1）中国人民银行的职责与运行。中国人民银行（PBOC）是中国的中央银行，其主要职责包括：

制定和执行货币政策、维护金融稳定、提供金融服务等。作为中央银行，它负责监管国家货币供应量、利率和汇率政策，以及管理国家的外汇储备和黄金储备。此外，中国人民银行还负责监管金融市场，包括银行间同业拆借市场、债券市场、票据市场、外汇市场和黄金市场等。中国人民银行还承担着维护支付体系稳定运行的责任，包括银行卡结算、电子支付等支付工具的创新和监管。它还负责征信业的管理，推动社会信用体系的建设。在金融消费者权益保护方面，中国人民银行建立了相应的协调机制和教育体系，以保护消费者利益。在金融科技方面，中国人民银行推动金融业信息化发展规划，监管金融科技应用，并维护金融标准化的组织管理协调工作。同时，它还负责金融业网络安全和信息化建设的指导和协调。中国人民银行还参与国际金融活动，与国际金融组织和各金融当局进行交流合作，参与全球经济金融治理。在反洗钱方面，中国人民银行组织协调全国的反洗钱工作，监督检查金融机构及非金融高风险行业履行反洗钱义务情况，并参与国际反洗钱合作。内设机构方面，中国人民银行设有办公厅、货币政策司、金融市场司、金融稳定局、调查统计司、支付结算司、科技司、货币金银局、国库局、国际司等多个部门，各司其职，共同维护金融体系的稳定和发展。

（2）国家金融监督管理总局的职责与运行。国家金融监督管理总局是中国国务院直属的正部级机构，其主要职责包括：

对除证券业之外的金融业实行统一监督管理，强化机构监管、行为监管、功能监管、穿透式监管、持续监管，维护金融业合法、稳健运行。开展金融业改革开放和监管有效性相关问题的系统性研究，参与拟订金融业改革发展战略规划，制定银行业、保险业、金融控股公司等有关监管制度。统筹金融消费者权益保护工作，制定金融消费者权益保护发展规划，建立健全金融消费者权益保护制度，构建金融消费者投诉处理机制和金融消费纠纷多元化解机制。实行准入管理，对银行业机构、保险业机构、金融控股公司等的公司治理、风险管理、内部控制、资本充足状况、偿付能力、经营行为、信息披露等实施监管。开展现场检查与非现场监管，查处违法违规行为，编制监管数据报表并发布，履行金融业综合统计相关工作职责。负责银行业机构、保险业机构、金融控股公司等的科技监管，建立科技监管体系，制定科技监管政策，构建监管大数据平台，开展风险监测、分析、评价、预警。实行穿透式监管，制定股权监管制度，依法审查批准股东、实际控制人及股权变更，对违法违规行为采取相关措施或进行处罚。建立金融稽查体系，建立行政执法与刑事司法衔接机制，依法对违法违规金融活动相关主体进行调查、取证、处理，涉嫌犯罪的，移送司法机关。建立恢复和处置制度，会同相关部门研究提出有关金融机构恢复和处置意见建议并组织实施。牵头打击非法金融活动，组织建立非法金融活动监测预警体系，组织协调、指导督促有关部门和地方政府依法开展非法金融活动防范和处置工作。国家金融监督管理总局还负责指导和监督地方金融监管相关业务工作，指导协调地方政府履行相关金融风险处置属地责任，并参加金融业相关国际组织与国际监管规则制定，开展对外交流与国际合作。

（3）中国证监会的职责与运行。中国证券监督管理委员会（简称"中国证监会"）是国务院直属的正部级机构，负责对证券市场进行集中统一监管。其主要职责包括有：

依法对证券业实行统一监督管理，强化资本市场监管职责。研究拟订证券期货基金市场的方针政策、发展规划，起草相关法律法规草案，制定监管规章、规则。监管股票、可转换债券、存托凭证等权益类证券的发行、上市、交易、托管和结算，以及证券、股权、私募等投资基金活动。监管公司债券、资产支持证券等固定收益类证券的发行、上市、交易、托管和结算。监管上市公司、非上市公众公司、债券发行人及其股东、实际控制人等的证券市场行为。监管证券期货交易所和全国性证券交易场所，管理高级管理人员。监管证券期货基金经营机构、证券登记结算公司、期货结算机构等，制定相关管理办法。监管境内企业到境外发行股票、存托凭证等证券及上市活动，监管境外机构到境内设立证券期货基金机构及从事相关业务。监管证券期货基金市场信息传播活动，负责市场的统计与信息资源管理。与有关部门共同依法对会计师事务所、律师事务所等机构从事证券服务业务实施备案管理和持续监管。负责证券期货基金业的科技监管，建立科技监管体系。依法对证券期货基金市场违法违规行为进行调查，采取相关措施或进行处罚。指导和监督地方金融监管工作，指导协调地方政府履行相关金融风险处置属地责任。开展证券期货基金业的对外交流和国际合作。

中国证监会在各省、自治区、直辖市和计划单列市设立了36个证券监管局，以及上海、深圳证券监管专员办事处，形成了覆盖全国的监管网络。通过这些派出机构，证监会能够更加有效地实施监管政策，保护投资者权益，维护证券市场的稳定和健康发展。

（4）地方金融监督管理局的职责与运行。地方金融监督管理局是地方政府的金融监管机构，主要负责本地区的地方金融组织的监管和风险防范处置。其职责包括但包括：

执行国家有关地方金融监督管理的法律法规，研究起草地方性法规、规章草案，拟订相关政策并组织实施。根据中央金融监管部门制定的规则，对小额贷款公司、融资担保公司、区域性股权市场、典当行、融资租赁公司、商业保理公司、地方资产管理公司等七类机构实施监管并做好相应的风险处置工作。实施准入管理，对所监管的机构及其业务范围进行监管，查处违法违规行为，建立风险监控、评价和预警体系。法依规防范和打击金融欺诈、非法集资等违法违规行为，维护金融稳定与安全。负责对各区政府履行地方金融监督管理相关职责和金融风险防范处置工作进行指导、考核、监督，提出问责建议。推进金融市场体系建设，促进金融要素市场加快创新发展，支持金融市场开展产品和工具创新。推进现代金融机构体系建设，拟订服务和促进金融机构发展的政策措施，并会同有关部门组织实施。推进金融服务国家重大战略和地方经济社会发展，推进发展普惠金融、绿色金融。优化金融发展环境，推动提升金融法治建设水平，加强金融监管协调，促进金融消费者和投资者合法权益保护。

随着金融监管机构改革的推进，地方金融监督管理局将进一步强化其监管职责，剥离金融发展和招商引资等职能，专司监管，对类金融机构的监管职能将会进一步强化。同时，省级、省会城市、计划单列市的地方金融监管局将保留，市州县级地方金融监管局则不再保留，同时成立省委金融委员会办公室和省委金融工作委员会。地方金融监督管理局的运行将更加规范化、专业化，以适应金融监管的新要求和挑战。

二、金融监管职能的国际化与协调

金融监管职能的国际化与协调是指各国金融监管机构在全球范围内进行合作，以应对跨国金融活动的风险和挑战。[①] 随着金融市场的全球化，跨境金融服务和资本流动日益频繁，金融监管的国际化与协调变得尤为重要。

（一）国际监管标准制定

国际监管标准制定是全球金融稳定的关键一环，涉及多个国际组织和监管机构。其中，巴塞尔银行监管委员会（Basel Committee on Banking Supervision，BCBS）和国际证监会组织（International Organization of Securities Commissions，IOSCO）是两个核心组织。

BCBS 成立于 1974 年，由主要工业国家的中央银行和监管机构组成，致力于改善银行监管的效力和促进国际银行业务监管的一致性。BCBS 发布了一系列重要的监管标准和指导原则，统称为巴塞尔协议。这些协议包括资本充足率标准、风险管理、市场风险等，旨在减少银行间不公平竞争、提高银行的偿债能力和风险管理水平。

国际证监会组织（IOSCO）成立于 1983 年，是一个由全球证券监管机构组成的国际合作组织，致力于制定并推广国际公认的监管标准。IOSCO 的成员机构监管着全球超过 95% 的证券市场，覆盖 130 多个司法管辖区。该组织的宗旨是促进市场公平、高效和透明，保护投资者，应对系统性风险，并加强跨境监管合作。IOSCO 制定了一套全面的证券监管目标和原则，这些原则自 1998 年首次发布以

---

① 刘真.国际金融稳定法律机制研究［M］.武汉：武汉大学出版社，2013：55-57.

来，已成为国际证券市场的监管基准，并在 2017 年进行了修订。此外，IOSCO 还推动了多边谅解备忘录，以促进成员机构之间的跨境执法和信息交流。① 中国证监会是 IOSCO 的正式会员，参与了该组织的各种活动和决策过程，包括在亚太地区委员会中的工作。IOSCO 通过其成员机构之间的合作，为全球证券市场的健康发展提供了重要的支持和指导。

通过这些国际合作和标准制定，全球金融体系能够更好地应对跨国金融活动的风险和挑战，促进金融市场的稳定和健康发展。这些国际监管标准的制定和实施，通常需要各国监管机构的配合和执行。中国积极参与国际金融监管标准的制定和实施，中国人民银行、银保监会、证监会等机构在推动国内金融监管标准与国际接轨方面发挥着重要作用。例如市场监管总局组织对《采用国际标准管理办法》进行了修订，以进一步加强采用国际标准管理。这表明中国在推动国内标准与国际标准接轨方面采取了积极措施，有助于提升国内监管标准与国际标准的一致性。

然而，跨境金融监管合作面临诸多挑战，包括国际金融监管规则缺乏"硬约束"、实施和监督机制不足，以及危机驱动型的监管合作缺乏持久性和稳定性。为了应对这些挑战，需要加强国际监管标准的制定和执行，提高其约束性和执行力，确保全球金融市场的稳定和健康发展。总之，国际监管标准的制定和实施是一个复杂的过程，需要各国监管机构的共同努力和协作。通过不断加强国际合作和标准制定，可以提高全球金融体系的稳定性和健康发展。

（二）跨境监管合作

跨境监管合作是全球金融稳定的重要保障，各国金融监管机构通过多种方式进行合作，以确保跨境金融机构的稳健运营和监管的有效性。这些合作方式主要包括签署谅解备忘录（MOU）、技术援助以及通过国际组织如国际证监会组织（IOSCO）进行的多边合作。

谅解备忘录（Memorandum of Understanding, MoU）是监管机构之间加强合作、信息共享和协调执法活动的重要工具。通过这种方式，监管机构可以共同应对跨境金融活动中的风险和挑战。例如，中国与东盟的保险合作与发展会议就提出了

---

① 林泰；郑利红.国际证监会组织的作用与局限［J］.经济与管理，2011（1）77-81.

强化监管领域合作交流的建议，包括共同完善 RCEP 规则下的保险监管机制建设，推动监管规则和标准互认，探索建立监管合作平台。通过谅解备忘录，监管机构可以更有效地进行信息交换和监管协调，这对于维护金融市场的稳定性和防范系统性风险至关重要。谅解备忘录通常包含了合作的目标、原则、领域以及合作的具体措施等内容，为监管机构之间的合作提供了框架和指导。推动区域经济的稳定与发展。

技术援助是跨境监管合作的重要组成部分，它通过提供培训、研讨、互访等多种形式的支持，帮助提升监管人员的专业水平和国际视野。这种合作方式不仅有助于提高区域内保险机构的合作与交流效率，而且对于中国与东盟之间的经贸往来也具有重要意义。通过技术援助，可以加强风险管理和保障措施，促进区域内的金融稳定和经济发展。

多边合作则是通过国际组织如 IOSCO 进行的，该组织通过发布多边谅解备忘录（memorandum）和加强版多边谅解备忘录（memorandum）来增强成员国之间的信息共享与合作。EMMoU 在 MMoU 的基础上，提高了跨境执法协作的标准，增加了签署方在维护市场诚信和稳定、保护投资者、震慑市场不当行为和欺诈时的执法权力。

此外，中国银监会也发布了关于进一步加强银行业金融机构境外运营风险管理的通知，要求银行业金融机构认真落实监管制度，加强风险识别判断，完善决策管理制度，明确境外运营责任，落实贷款"三查"要求，加强统一授信管理，审慎开展自营投资，加强国别风险防控，强化内控合规管理。

综上所述，跨境监管合作通过谅解备忘录、技术援助和多边合作等多种方式，旨在提升跨境金融机构的稳健运营和监管的有效性，以应对全球金融市场的复杂性和不断变化的风险。

（三）国际监管信息共享

为了有效监管跨国金融活动，各国监管机构需要共享监管信息，包括金融机构的合规情况、风险状况等。

监管信息共享是跨国金融监管合作的关键组成部分，它允许不同国家的监管机构交换关于金融机构合规性、风险状况等方面的信息。这种信息共享机制的建立，对于有效监管跨境金融活动至关重要，因为它可以帮助各国监管机构更好地了解和监控跨国金融机构的行为，从而提高监管效率和效果。

监管信息共享可以通过多种方式实现，包括建立跨境监管合作框架、搭建跨境合规交流平台、利用信息技术手段进行数据共享等。例如，通过建立跨境监管合作框架，监管机构可以明确各自的职责和权力，共同监管跨境交易。此外，通过信息技术的应用，如大数据、云平台等，可以打破信息壁垒，实现监管信息的互通共享。

监管信息共享的重要性体现在以下几个方面：提高监管效率：通过共享信息，监管机构可以更快速地获取和分析跨国金融机构的风险状况，从而提高监管效率。加强风险防范：共享的信息可以帮助监管机构及时发现和预防潜在的金融风险，从而维护金融市场的稳定。

促进监管合作：信息共享机制的建立有助于加强不同国家监管机构之间的合作，共同应对跨国金融活动带来的挑战。支持监管决策：共享的信息可以为监管决策提供更全面的数据支持，帮助监管机构做出更准确的判断。提升监管透明度：信息共享还可以提高监管过程的透明度，增强公众对监管机构的信任。在实际操作中，监管信息共享面临着一些挑战，如数据保护法规的限制、不同国家监管体系的差异、信息安全和隐私保护等问题。为了克服这些挑战，需要各国监管机构之间建立互信，制定共同的规则和标准，加强技术合作和人员培训。

监管信息共享也需要法律和政策的支持。例如，国务院办公厅发布的《关于深入推进跨部门综合监管的指导意见》中提到，要加强监管信息互通共享，打通数据壁垒，以跨部门、跨区域、跨层级数据互通共享支撑跨部门综合监管。

总之，监管信息共享是跨国金融监管合作的重要内容，对于维护全球金融市场的稳定和健康发展具有重要意义。通过加强国际合作和技术创新，可以进一步推动监管信息共享的发展。

（四）国际监管协调机制

在区域层面，国际监管协调机制的建立是确保金融稳定和监管有效性的关键。以欧盟为例，通过建立欧洲银行业监管局（European Banking Authority, EBA）等机构，成员国之间的监管协调得到了显著加强。EBA 的职责包括制定监管技术标准和规则，监督贷款机构、投资公司和信贷机构，以维护金融部门的完整性和金融体系的稳定。

EBA 的成立是对 2008 年金融危机和欧洲主权债务危机的直接回应，这些危机暴露了欧盟银行业务的普遍缺陷。EBA 通过定期进行偿付能力检查来维持欧盟银行业的金融稳定，包括对 100 多家欧盟银行进行透明度练习和压力测试，以确保银行遵守 EBA 制定的规则。

此外，EBA 还参与了打击银行业漂绿的行动，发布了银行业漂绿报告，旨在概述银行业的漂绿风险及其对行业参与者的影响。漂绿是指可持续相关声明、行动和沟通无法清晰和准确地反映实体、金融产品或金融服务的可持续特征，并可能对消费者、投资者和其他市场参与者造成误导的现象。

EBA 的工作不仅限于监管，还包括促进成员国之间的信息共享和监管合作。通过这种方式，EBA 有助于提升整个欧盟金融市场的透明度和公平性，同时保护消费者和投资者的利益。

总体而言，EBA 在欧盟内部发挥着核心作用，通过制定和执行统一的监管标准，加强了成员国之间的监管协调，为欧盟金融市场的稳定和健康发展提供了坚实的基础。

通过这些国际化和协调性的措施，各国金融监管机构能够更好地应对全球化带来的挑战，促进金融市场的稳定和健康发展。

第三节　金融监管的策略与工具

一、金融监管工具的多样化

金融监管工具的多样化是现代金融体系发展的重要趋势。随着金融市场的复杂性和全球金融一体化的加深，金融监管机构必须不断创新和完善监管工具，以应对金融市场的动态变化和潜在风险。

（一）法律手段

法律手段在金融市场监管中发挥着至关重要的作用，通过制定和实施相关法律法规，可以确保金融市场的健康发展和公平竞争。这包括对金融机构的市场准入、运营规范、退出机制等方面的法律规定，以及对违法行为的惩处机制。

市场准入方面，我国实行市场准入负面清单制度，明确列出不允许经营的领域和业务，清单之外的领域和业务，各类市场主体皆可依法平等进入。同时，国家发展改革委、商务部等部门负责对市场准入负面清单进行动态调整，确保市场准入的公平性和透明度。

运营规范方面，监管机构通过制定一系列规章制度，如《中华人民共和国银行业监督管理法》等，对金融机构的日常运营进行规范，确保其合法合规经营。监管机构还会对金融机构的业务活动及其风险状况进行非现场监管和现场检查，以确保金融市场的稳定。

退出机制方面，我国建立了金融企业的市场退出机制，包括破产重整和清算等程序，以规范金融企业和投资者的行为，维护金融市场的稳健运行。

此外，为了提高监管效能，我国还加强了金融法治建设，提出制定金融法，依法将所有金融活动纳入监管，强化监管责任和问责制度，加强中央和地方监管协同。这些措施有助于提升金融市场的整体稳定性和抗风险能力，促进金融市场的协调发展。

（二）行政手段

行政手段在金融监管中发挥着至关重要的作用。监管机构通过行政命令、审批、监督和检查等手段，对金融机构进行直接监管，这涉及到金融机构的日常运营、风险管理和业务创新等各个方面。

监管机构通过制定明确的规则和标准，对金融机构的市场准入进行审批，确保只有符合资质的机构能够进入市场。这有助于从源头上控制风险，防止不合格的市场参与者引发金融风险。

监管机构对金融机构的日常运营进行持续监督，包括但不限于资本充足率、流动性管理、信贷政策、风险控制等方面。这种监督有助于及时发现金融机构的潜在问题，并采取措施予以纠正。

监管机构还会定期或不定期地对金融机构进行检查，包括现场检查和非现场检查。这些检查旨在评估金融机构的合规性、内部控制的有效性以及业务活动的合法性。通过检查，监管机构能够深入了解金融机构的实际情况，确保其遵守相关法律法规。

监管机构还会对金融机构的业务创新进行监管，确保新产品、新服务的推出不会带来新的风险。这包括对金融产品的设计、风险评估、信息披露等方面的审查。

在风险管理方面，监管机构要求金融机构建立和完善风险管理体系，包括信用风险、市场风险、操作风险等的识别、评估、监控和控制。监管机构还会对金融机构的风险管理措施进行评估和指导。

监管机构通过行政处罚等手段，对违法违规行为进行严厉打击。这包括对金融机构的罚款、业务限制、责令整改等措施，以及对相关责任人的处罚。这种严厉的处罚机制有助于维护金融市场的秩序，保护消费者权益。

（三）经济手段

经济手段在金融监管中扮演着重要角色，尤其是在实现宏观经济稳定方面。通过调整利率、准备金率、贷款限制等货币政策工具，监管机构能够有效地影响金融市场的资金供求关系。为宏观经济的稳定提供了有力支持。

利率调整是货币政策中最为常见的工具之一。降低利率可以刺激经济增长，因为它降低了企业和个人的借贷成本，从而鼓励投资和消费。相反，提高利率则有助于抑制经济过热和通货膨胀。例如，中国人民银行在2024年第三季度例会中提出，要完善市场化利率形成和传导机制，强化央行政策利率引导作用，推动企业融资和居民信贷成本稳中有降。

调整存款准备金率也是影响银行信贷能力的重要手段。存款准备金率的降低可以释放更多的流动性到市场，增加银行的贷款能力，从而支持经济增长。

贷款限制则直接控制了信贷的供给。监管机构可以通过调整贷款限制来控制信贷的增长速度，防止过度信贷导致的金融风险。例如，通过窗口指导，监管机构可以指导商业银行的信贷投放方向和规模，确保信贷资源流向实体经济中最需要的领域。

央行还可以通过公开市场操作来调节市场流动性，比如通过买卖国债来吸收或注入流动性。此外，央行还可以通过再贷款和再贴现等工具，直接向金融机构提供资金，以此来影响信贷市场。

在当前的宏观经济环境下，中国人民银行已经采取了一系列措施来支持经济的稳定增长，包括降息和降准，以及创设新的货币政策工具来支持资本市场的稳定发展。这些措施有助于降低企业融资成本，提高市场流动性，促进经济的稳定增长。

（四）监管科技（RegTech）

RegTech 是金融监管领域的一次重大创新，它利用最新的技术，大数据、云计算、人工智能、区块链等新，提高监管效率和风险识别能力。

监管科技（RegTech）是金融监管领域中一个新兴的概念，它指的是利用大数据、云计算、人工智能、区块链等前沿技术来提高监管效率和风险识别能力。这些技术的应用正在改变金融监管的面貌，使监管机构能够更有效地应对金融市场的复杂性和不断演变的金融产品和服务。

首先，大数据技术使得监管机构能够处理和分析庞大的金融数据集，从而更好地理解市场动态和检测潜在的风险点。通过数据挖掘和模式识别，监管机构可以实时监控市场行为，及时发现异常交易和欺诈行为。

云计算技术为监管机构提供了弹性的计算资源和存储能力，使得监管科技解决方案可以快速部署和扩展。这不仅降低了成本，还提高了数据处理的速度和灵活性。

人工智能（AI）和机器学习技术的应用，使得监管机构能够自动化和优化监管流程。AI 可以用于自然语言处理（NLP）来分析文本数据，如市场评论和社交媒体帖子，以监测公众情绪和潜在的市场操纵行为。机器学习模型可以用于预测市场趋势和识别系统性风险，提高监管机构的风险预警能力。

区块链技术提供了一个去中心化、不可篡改的分布式账本，这对于提高交易透明度和降低欺诈风险具有重要意义。监管机构可以利用区块链技术追踪金融交易，确保市场的公平性和透明度。

RegTech 的发展还涉及到监管机构和金融机构之间的合作。金融机构需要遵守更严格的监管要求，RegTech 可以帮助它们自动化合规流程，减少人工干预，降低合规成本。同时，监管机构可以利用 RegTech 提高对金融机构的监管效率，实现更精准的监管。

然而，RegTech 的发展也带来了新的挑战，包括技术标准和法规的制定、数据隐私和安全问题，以及对监管科技解决方案的监管。监管机构需要与技术提供商、金融机构和其他利益相关者合作，共同推动 RegTech 的发展，并确保其在提高监管效率的同时，不会带来新的风险。

（五）监管沙箱（Regulatory Sandbox）

监管沙箱（Regulatory Sandbox）是一个由监管机构设计的框架，旨在促进金融创新的同时确保消费者权益和金融稳定。它提供了一个安全、可控的环境，允许金融科技公司在真实市场条件下测试其创新产品、服务和商业模式。监管机构在测试期间提供指导和反馈，以降低监管风险，同时确保消费者权益得到保护。监管沙箱的实施有助于降低金融创新企业的市场准入门槛，减少合规成本，并为监管机构提供了一个观察和理解新兴金融科技产品的机会。①

监管沙箱（Regulatory Sandbox）的概念最早由英国金融行为监管局（FCA）在 2015 年提出，并在 2016 年 5 月正式实施，目的是为金融科技（FinTech）公司提供一个在限定环境下测试新金融产品和服务的机会，而不必立即受到所有监管规定的约束。监管沙箱制度在英国推出后，迅速在全球范围内得到推广，包括澳大利亚、新加坡、中国香港等地都相继推出了各自的监管沙箱计划。

监管沙箱的运作流程通常包括申请、评估和测试三个阶段。在申请阶段，公司向监管机构提交使用监管沙箱的申请，内容包括拟测试的新产品或服务的情况以及标准符合情况。评估阶段，监管机构会根据一系列标准来决定申请人的产品或服务是否适合进入沙箱测试。测试阶段，企业在监管机构的监督下进行产品或服务的测试，并需要遵守消费者保护的要求。监管沙箱的核心优势在于它能够减少监管的不确定性，增加创新产品的种类和数量，缩短创新产品和服务进入市场

---

① 郑宇璐; 吴晓黎. 引导金融科技创新健康发展的制度实验 ——基于监管沙箱视角[J]. 兰州大学学报（社会科学版），2023（3）77–91.

的时间，改善公司估值使其更易获取融资，推动行业整体发展。同时，它还能保障参与测试的消费者权益，发现金融创新产品存在的固有缺陷，确保其内建消费者保护措施，引导互联网金融向有利于消费者的方向发展。

监管沙箱的成功实施需要监管机构与市场主体的紧密合作。监管机构在数字产品或服务设计的早期便展开调研，这有助于其理解隐私保护法律法规在哪些阶段才能实现，如何得到运用。监管沙箱让监管者在创新产品真正面世前就有机会了解潜在的风险，从而提前进行沟通协调，降低了创新产品面世后的监管成本。

监管沙箱的挑战在于如何确保测试带来的风险不从企业传导至消费者，以及如何在既有的监管框架下设立降低测试门槛的"沙箱"。监管沙箱需要确保创新测试带来的风险不从企业传导至消费者，同时在既有的监管框架下降低测试门槛。

监管沙箱的未来发展需要监管机构、金融科技公司和消费者之间的持续对话和合作，以确保创新与风险之间的平衡，并保护消费者权益。同时，监管沙箱的成功也依赖于监管科技（RegTech）的发展，这将有助于提高监管效率和风险识别能力。

二、金融监管策略的制定与执行

金融监管策略的制定与执行是确保市场稳定和保护消费者的关键过程。制定阶段，监管机构需分析市场风险、评估法律法规，并考虑国际合作与消费者保护。执行阶段包括规划实施步骤、分配资源、采取监管行动、进行监督评估，以及利用科技提升监管效率。整个过程需保持灵活性，以适应市场变化，并确保问责机制到位。

（一）金融监管策略的制定

金融监管策略的制定是一个涉及多方面考量的复杂过程，其主要目的是确保金融市场的稳定、保护消费者权益、促进公平竞争以及防止金融犯罪。以下是金融监管策略制定的关键步骤和考虑因素：

1. 市场与风险分析

市场与风险分析是金融监管策略制定的起点，它要求监管机构对金融市场进行全面的审视。这包括了解市场结构、参与者行为、金融产品特性以及潜在的风险点。

监管机构必须建立风险评估模型，这些模型能够预测市场趋势，识别可能导致金融不稳定的因素。同时，监管机构还需要制定风险管理策略，以减轻或消除这些风险。

在进行市场与风险分析时，监管机构需要收集和分析大量的数据，包括市场交易数据、金融机构的财务报告、消费者信贷记录等。通过对这些数据的深入分析，监管机构可以更好地理解市场的运作方式，预测潜在的市场动向，并据此制定相应的监管策略。

在风险评估模型的建立方面，监管机构需要确保模型的科学性和有效性。模型应该能够准确地反映市场的实际情况，并能够及时地捕捉到市场的变化。同时，监管机构还需要定期对模型进行验证和更新，以确保其持续的有效性。

2. 法律与政策评估

法律与政策评估是金融监管策略制定中的关键环节，它要求监管机构确保监管策略与现行法律法规保持一致，并且考虑政策的连续性和稳定性。这一过程涉及到对现有法律框架的深入分析，以判断其是否能够适应新的金融活动和产品的出现，以及是否需要制定新的法律或修订现有法规。

监管机构在进行法律与政策评估时，需要考虑以下几个方面：监管机构需评估现有法律是否能够覆盖新的金融产品和服务，以及是否能够应对金融市场的新趋势和挑战。监管机构需识别现有法律框架中的空白区域，这些区域可能未被现有法规覆盖，需要新的立法或修订。监管策略的制定需要考虑政策的长期稳定性，避免频繁变动给金融市场带来不必要的不确定性。监管机构需评估自身在法律框架下的权力和责任，确保有足够的法律授权来执行监管策略，并对其行为负责。

3. 监管框架设计

监管框架设计是金融监管策略的核心组成部分，其目的是确保金融市场的稳定性和公平性，同时避免不必要的市场干预。①

一个有效的监管框架，通常包括以下几个关键要素：第一，组织结构。监管

---

① 田野; 向孟毅.原则监管、规则监管与中国金融监管框架改革[J].经济学研究,2019(1)43-52.

机构需要有清晰的组织架构，包括决策层、执行层和监督层，确保监管职能的明确分工和有效协调。第二，监管权力。监管机构必须拥有足够的权力来执行其职能，包括制定规则、进行现场检查、要求信息披露、实施处罚等。第三，监管程序。监管程序应当透明、公正，包括许可程序、合规检查程序、申诉程序等，确保所有市场参与者都能在公平的环境中运作。第四，监管工具。监管机构需要配备有效的监管工具，如风险评估模型、数据分析工具等，以提高监管的效率和精准度。

在设计监管框架时，监管机构需要考虑以下几个方面：第一，有效监管。监管框架应确保能够及时发现和应对潜在的风险，防止市场滥用和欺诈行为。第二，避免过度干预。监管框架的设计应避免对市场的日常运作造成不必要的干扰，保持市场机制的有效运行。第三，技术应用。随着金融科技的发展，监管框架也应包含对金融科技的监管，利用科技手段提升监管效能。第四，适应性。监管框架应具有一定的灵活性，能够适应金融市场的快速变化和创新。

4. 利益相关者协调

在金融监管策略的制定过程中，利益相关者协调是一个至关重要的环节。监管策略需要综合考虑不同利益相关者的需求和期望，这包括但不限于金融机构、消费者、投资者以及其他市场参与者。

监管机构需要识别并理解所有关键利益相关者的利益诉求。[①] 这包括金融机构对稳定监管环境的需求、消费者对保护其金融安全和隐私的期望、投资者对市场透明度和公平性的要求，以及其他市场参与者对合规成本和市场竞争的关注。监管机构应当通过问卷调查、座谈会、公开听证会等方式，主动收集和了解各方面的利益诉求。

监管机构应当建立有效的协调机制，这可能包括定期的联席会议、工作小组或者咨询委员会，以促进不同利益相关者之间的对话和协商。通过这些机制，监管机构可以及时地向市场传达监管思路和政策导向，同时也能够收集来自市场的反馈和建议。

监管机构在制定监管策略时，还应当考虑到政策的公平性和一致性，防止监

---

① 周琪. 利益相关者视角下金融支持实体经济对策研究［J］. 江苏商论 2017（9）：92-94.

管套利的发生。这意味着对于提供相同或类似金融服务的机构，不论其业务通过何种渠道或技术实现，都应受到相同标准的监管。这种一致性有助于确保公平竞争，增强监管的有效性。

（二）金融监管策略的执行

监管策略的执行是确保金融市场稳定和保护消费者权益的重要环节。有效的监管策略执行需要监管机构具备明确的目标、强有力的执行手段以及持续的监督和评估机制。

1. 明确监管目标

监管机构在执行其职责时，必须首先明确其监管目标，这些目标通常包括维护金融稳定、促进公平竞争、保护消费者权益、防止金融犯罪等。[①]

维护金融稳定是确保金融系统能够抵御各种冲击，避免系统性风险的发生，保障金融市场的平稳运行。促进公平竞争意味着监管机构需要确保所有市场参与者在公平的环境下竞争，防止市场垄断和不公平的市场行为。保护消费者权益则是确保消费者在金融交易中得到公正对待，防止欺诈和误导行为，提高消费者对金融市场的信任。防止金融犯罪是打击洗钱、恐怖融资和其他金融犯罪活动，保护金融系统的完整性。

提高透明度要求金融机构提供清晰、准确的信息披露，使市场参与者能够做出明智的决策。促进金融创新则是在确保风险可控的前提下，鼓励金融产品和服务的创新，以满足市场和消费者的需求。保护投资者确保投资者的权益得到保护，包括公平的交易环境、透明的信息披露和有效的投诉机制。维护市场诚信则是通过监管措施确保市场参与者遵守诚信原则，维护金融市场的声誉。这些目标的明确有助于监管机构集中资源和注意力，提高监管效率，增强公众对监管机构的信任，并确保金融市场的健康和可持续发展。

2. 制定执行计划

在明确监管目标和对象之后，监管机构需设计具体的监管措施，包括法律法规的制定、监管标准的设定、监督检查的实施等。这些措施应与监管目标相匹配，

---

① 马欢.金融监管框架对金融体系稳定性的作用及局限性分析[J].金融客 2024(7)4-6.

并能够针对性地解决监管中遇到的问题。

监管措施的执行步骤也需明确规划，包括监管活动的启动、执行、监督和评估，确保每一步都有明确的时间表和责任人。监管机构还需明确内部各部门及人员的职责和任务，进行责任分配，以确保监管活动的每个环节都有人负责。同时，监管资源的合理分配至关重要，监管机构需要根据监管目标的重要性和紧迫性，以及监管对象的风险等级，合理分配人力、财力、物力和信息资源。监管计划中还应设定预期成果，包括短期和长期目标，这有助于监管机构评估监管活动的成效。监管措施的实施是监管计划的核心，监管机构应确保监管措施得到有效执行，包括定期的监督检查、违规行为的处罚等。

3. 监管效果的评估

监管效果的评估是监管计划的重要组成部分，监管机构需要定期对监管效果进行评估，包括监管措施的执行情况、监管资源的使用效率、监管目标的达成程度等。根据评估结果，监管机构应及时调整监管计划，以提高监管效率和效果。最后，监管机构应保持监管活动的透明度，及时向公众和监管对象公开监管信息，同时建立有效的沟通机制，收集反馈，不断优化监管计划。通过这些步骤，监管机构可以确保监管计划的科学性、合理性和有效性，从而实现监管目标，维护社会经济秩序，促进可持续发展。

第四章　金融创新与监管科技

第一节 金融科技对市场监管的影响

一、金融科技的发展与市场变革

（一）金融科技概述

金融科技是指通过利用各类科技手段创新传统金融行业所提供的产品和服务，提升效率并有效降低运营成本的过程。金融科技的快速发展正在改变金融行业的未来，它不仅为传统金融服务带来了挑战，也为金融行业的创新和增长提供了巨大的机遇。[①] 随着技术的不断进步，金融科技预计将在未来几年继续扩大其在金融领域的影响力。金融科技的重要性体现在以下几个方面：

1. 提高金融服务效率

金融科技通过自动化流程和智能算法，能够迅速处理复杂的金融交易，极大减少了人工操作的需求和潜在错误。例如，自动化的贷款审批系统可以在几分钟内完成贷款申请的审核，而传统方式可能需要几天时间。

2. 降低成本

金融科技通过数字化服务减少了对物理分行的依赖，降低了租赁、人员和运营成本。在线银行和移动支付平台使得用户能够随时随地进行金融交易，而无需前往银行分行。

3. 加快金融创新步伐

金融科技的发展推动了新金融产品和服务的诞生。例如，数字货币提供了更

---

① 郭品，沈悦.互联网金融对商业银行风险承担的影响：理论解读与实证检验［J］.财贸经济，2015（10）：102-116.

快捷、低成本的跨境支付方式；在线投资顾问服务则利用算法为用户提供个性化的投资建议。

4. 扩大金融服务覆盖范围

金融科技通过移动应用和互联网服务，使得金融服务不再局限于城市和有银行账户的人群。这为偏远地区的居民和未银行化人群提供了便捷的金融服务，提高了金融服务的普及率。

5. 改善风险管理

金融科技利用大数据分析和人工智能技术，可以更准确地预测和评估金融风险。例如，通过分析用户的交易行为和信用记录，金融机构能够更有效地识别欺诈行为和信用风险。

6. 推动经济发展

金融科技通过提供更高效、更低成本的金融服务，促进了新创企业的成长和经济的创新活动。便捷的融资渠道和支付方式为企业提供资金支持，推动了经济的增长和就业机会的增加。

（二）金融科技的主要应用领域

金融科技的主要应用领域涵盖了金融服务的各个方面，随着技术的不断进步，这些应用领域也在不断扩展和深化。以下是金融科技的一些关键应用领域：

1. 移动支付

移动支付是指使用移动设备，如智能手机或平板电脑，进行的电子支付。它结合了移动通信技术和互联网技术，允许用户通过移动设备进行货币支付和确认，购买商品或服务。移动支付的主要特点包括移动性、及时性、定制化和集成性。用户可以随时随地通过手机进行支付，不受时间和地点的限制，提供了极大的便利性。移动支付可以即时完成，用户无须等待，可以迅速对账户进行查询、转账或进行购物消费。用户可以根据自己的需求定制个性化的支付方式和服务，使得支付过程更加符合个人。移动支付平台通常集成了多种服务，如缴费、充值、购物等，用户可以在一个平台上完成多种支付活动。

2. 智能投顾

智能投顾是一种结合人工智能、大数据和云计算等技术，提供自动化投资建议和财富管理服务的金融科技应用。[①] 它通过算法和定量分析来管理资产，为用户提供个性化的理财方案。智能投顾通过分析用户的风险偏好、投资目标和资产状况，智能投顾能够提供量身定制的投资组合建议。利用大数据分析和机器学习算法，智能投顾能够快速处理和分析市场数据，提供更加精准的投资建议。智能投顾通过自动化服务减少了人工成本，同时，通过互联网平台提供服务也降低了运营成本。

3. 数字货币与区块链

数字货币，如比特币和以太坊，正在改变传统的货币概念和金融交易方式。它们利用区块链技术实现去中心化的货币发行和流通，提供了更高的交易透明度和安全性。区块链技术以其不可篡改和可追溯的特性，为金融监管提供了新的工具，有助于提高监管的效率和准确性。例如，区块链可以用于确保交易记录的真实性和完整性，从而减少欺诈和洗钱的风险。此外，中央银行数字货币（CBDC）的发展，如中国的数字人民币，正在推动跨境支付和金融交易的创新，提高了支付系统的效率和普惠性。

4. 智能风控与反欺诈

在金融领域，人工智能技术的应用正变得越来越广泛，特别是在信用评估、信贷审批和贷后催收等环节。智能风控系统能够通过大数据分析和机器学习算法，准确评估借款人的信用风险，自动化地完成信贷审批流程，提高金融服务的效率和质量。同时，智能反欺诈系统能够实时监测和识别异常交易模式，有效防止金融欺诈行为，保护消费者和金融机构的利益。这些技术的应用不仅提高了金融行业的效率，也极大地提升了客户体验和金融安全水平。

5. 虚拟银行

虚拟银行是一种通过互联网和移动设备提供金融服务的新型银行模式。它们通常不设立实体分行，而是通过在线平台和应用程序为客户提供账户管理、转账、贷款等服务。虚拟银行以其便捷的操作和较低的运营成本，为客户提供了更多选择，同时也推动了传统银行的数字化转型。

---

① 邓浏睿,谭婕.智能投顾与最优投资决策[J].湖南大学学报(社会科学版),2024(4): 63-74.

6. 量化投资与 AI 算法交易

量化投资结合大数据分析和机器学习算法，通过构建数学模型来分析市场趋势，实现高效的算法交易和资产管理。AI 算法交易能够处理大量数据，识别投资机会，并在短时间内做出交易决策。这种方法减少了人为情绪的干扰，提高了交易的客观性和效率。[①]

7. 数字普惠金融

数字普惠金融通过移动应用开发平台、数字海运贷、零售及小微信贷产品基座等方式，推动了普惠金融的发展。它利用数字技术，为小微企业、低收入群体和农村居民提供便捷、低成本的金融服务，扩大了金融服务的覆盖面和可获得性。[②]

8. 数据资产

数据是数字经济的核心要素，以数据资产为核心的商业模式正在蓬勃发展（见下图 4-1）。数据资产是指通过互联网技术，借助计算机的信息处理、数据传输、大数据分析、云计算等技术在金融领域的应用，促进了信息的共享，有效降低了交易成本和金融服务门槛，扩大了金融服务的范围和覆盖面。[③] 金融科技在数据资产评估、交易等方面的应用，推动了数据资产入表和数据驱动的数字化转型。

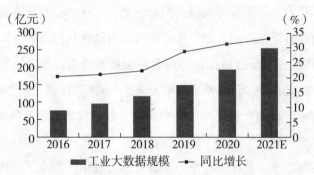

图 4-1　2016-2021 年中国工业大数据增长情况

---

①　庄正.人工智能走红促量化基金热度提升算法交易是投资成功的关键因素证券市场红周刊 2023 第 7 期　1004-6291

②　胡滨.数字普惠金融的价值［J］.中国金融，2016（22）：58-59.

③　周春生；汪祉良.新二元经济新经济繁荣与传统经济再造［M］.北京：中信出版社，2022：134-141.

9. 互联网 3.0 与金融元宇宙

金融科技在互联网 3.0 和元宇宙领域的应用，提供了全新的金融服务体验。元宇宙被认为是互联网的 3.0 时代，它是一个平行于现实世界，又独立于现实世界的虚拟空间，是映射现实世界的在线虚拟世界。金融元宇宙是指传统金融机构利用元宇宙的概念和技术进行数字化转型，通过建模渲染、交互技术、物联网、网络算力、区块链、人工智能等技术的应用，实现业务创新、流程改造和组织变革。[①]

（三）金融科技对传统金融市场的影响

1. 银行业的变革

金融科技对银行业的变革是多方面的，它不仅改变了银行与客户的互动方式，还影响了银行的内部运营和风险管理。以下是金融科技在银行业变革中的几个关键应用：

业务创新：金融科技通过大数据分析、云计算、人工智能等技术，使得银行能够更准确地理解客户需求，设计个性化的金融产品和服务。例如，银行可以利用客户交易数据和行为模式，开发定制化的存款、贷款、投资产品，甚至是根据客户风险偏好和消费习惯推荐的资产组合。此外，区块链技术在提高交易透明度和安全性方面具有潜在应用，如智能合约可以自动化执行贷款合同中的条款。

（1）客户服务：金融科技在客户服务领域的应用，极大地提升了银行服务的便捷性和个性化水平。智能客服和聊天机器人的应用，通过自然语言处理技术，能够理解并响应客户的查询，提供即时反馈，显著提高了服务效率。[②]在线文档审核和自动化流程减少了人工干预，加快了业务处理速度。智慧审批机器人通过接入百项大数据信息，利用机器学习和深度学习技术，形成了立体化的零售信贷数字风控体系，为客户提供更精准的金融服务。金融科技还推动了银行业务流程的自动化和智能化，如通过建立智能化的后台运营系统，自动化处理交易和账目

---

① 张雅琪；渔童；王平作.金融元宇宙［M］.北京中译出版，2023：222-224.

② 王秀秀.基于自然语言处理的智能聊天机器人开发［J］.微型计算机，2024（3）100-102.

核对工作，减少了操作错误和处理时间。同时，机器学习和人工智能技术也被用于预测市场趋势和客户需求，帮助银行进行更有效的资源分配和决策支持。

（2）内部管理：金融科技通过推动银行业务流程的自动化和智能化，极大地提升了内部管理的效率。银行利用智能化的后台运营系统，自动化处理大量的交易和账目核对工作，不仅提高了数据处理的速度和准确性，还降低了因手动操作导致的错误率。此外，机器学习和人工智能技术的应用，使得银行能够预测市场趋势和客户需求，从而进行更有效的资源分配和决策支持。

（3）风险管理：金融科技通过机器学习和人工智能技术，极大地提升了银行风险管理的效率和准确性。银行能够实时监测交易行为，通过算法分析大量交易数据，快速识别异常交易模式，从而有效防范金融诈骗和洗钱活动。此外，金融科技还帮助银行在信用风险评估、市场风险管理、操作风险管理等方面实现更精细化的管理，通过构建更精确的风险预测模型，提高风险识别与评估的准确性，优化风险决策，降低成本。同时，金融科技也在帮助银行提升客户身份识别的准确率和效率，简化业务流程，打造客户极致体验，提升欺诈风险防控的智能化水平。

（4）跨境支付和清算：金融科技对银行业的影响在跨境支付和清算方面尤为显著。区块链技术的应用，作为金融科技的代表之一，正在重塑跨境支付的流程。通过分布式账本、数据不可篡改可溯源等技术特性，区块链能够实现资金流和信息流的共享和流转，快速建立汇款人和收款人的信任路径。这不仅提高了跨境支付的效率，还降低了成本和时间，同时提高了交易的安全性。金融科技还通过智能合约和共识机制，提供了端到端的跨境支付解决方案，降低了金融机构接入开展业务的门槛。

2. 证券行业的创新

金融科技正在引领证券行业的创新和变革。以下是金融科技在证券行业中的主要应用和影响：

（1）业务创新：金融科技通过大数据、云计算、人工智能等技术，使得证券公司能够提供更加个性化和智能化的金融产品和服务。例如，智能投顾系统能够根据投资者的风险偏好、财务状况等因素，提供个性化的投资建议；同时，智能客服系统能够 24 小时不间断地为投资者提供咨询服务，提升客户满意度。

客户服务：金融科技使得证券公司能够通过移动应用、在线平台等数字化渠道提供更加便捷和个性化的客户服务。例如，通过在线交易平台和移动应用，客户可以随时随地进行证券交易和资产管理，大大提升了服务效率和客户体验。

（2）内部管理：金融科技推动了证券公司业务流程的自动化和智能化。例如，通过建立智能化的后台运营系统，证券公司能够自动化处理大量的交易和账目核对工作，提高了业务处理效率。

（3）风险管理：金融科技帮助证券公司更有效地管理风险。通过机器学习和人工智能技术，证券公司能够实时监测交易行为，识别潜在的欺诈和信用风险，从而提高风险管理的效率和准确性。

（4）数据资产：金融科技在数据资产评估、交易等方面的应用，推动了数据资产入表和数据驱动的数字化转型。证券公司通过积极研发数据产品，着力于通过内外部的各类数字化服务创新实践，在提升对客服务能力的同时，强化企业自身的经营管理与风险管控的水平。

（5）数字化转型：保险公司通过建立数字化战略，推动业务模式的转型。金融科技使得保险公司能够构建新的商业模式，如通过生态圈战略触达更多客户，提供更精准的服务。数字化转型不仅仅是技术的更新，它涉及到保险公司的组织架构、业务流程、客户服务和产品创新等多个方面。保险公司通过数字化转型，可以利用大数据、云计算、人工智能等技术，实现客户数据的深度挖掘和分析，提供个性化的保险产品和服务，提高客户满意度和忠诚度。

（6）客户体验：金融科技通过提供更加个性化的服务和更快的响应时间，改善了客户体验。例如，聊天机器人可以提供 24/7 的客户支持，而无需客户等待人工服务。聊天机器人通过自然语言处理技术，能够理解客户的问题并提供及时的反馈，这不仅提高了服务效率，还增强了客户的互动体验。此外，保险公司还可以通过移动应用、在线平台等数字化渠道，提供更加便捷的保险购买和管理服务，实现客户服务的无缝对接。①

（7）监管科技：金融科技在帮助证券公司应对监管挑战方面发挥着重要作

---

① 易仁贵.浅析保险数字化对于消费者的积极影响［J］.经济管理，2023（11）167-169.

用。随着监管要求的日益严格，证券公司需要利用自动化和智能化工具来监控合规风险。监管科技（Reg Tech）通过数据收集、分析和报告工具，帮助证券公司确保业务的合法合规。例如，利用机器学习算法，可以实时监测交易行为，及时发现并预防潜在的欺诈和洗钱活动，提高监管效率和准确性

3. 保险业的转型

金融科技在保险业的应用正推动着行业的深刻变革，以下是金融科技在保险行业中的主要应用和影响：

（1）产品设计：金融科技通过大数据分析、云计算、人工智能等技术，使得保险公司能够更准确地理解客户需求，设计个性化的金融产品和服务。例如，车险公司利用驾驶行为数据分析来确定保费，提供差异化的保险产品。

（2）定价：保险科技（Insur Tech）使得保险公司能够基于更精细的数据进行风险评估，从而提供更加公平和个性化的保费定价。通过分析客户数据，保险公司能够更精确地评估风险，实现动态定价和个性化报价。

（3）销售：金融科技推动了保险销售渠道的创新，如在线投保和移动支付，提高了保险服务的便捷性和用户体验。在线平台和移动应用使得客户可以随时随地进行保险购买和管理，保险公司通过这些渠道提供更直接、更快速的服务。

（4）理赔：在理赔环节，利用人工智能技术，保险公司能够实现自动化的理赔审核和处理，提高理赔效率和客户满意度。例如，通过图像识别技术，可以快速处理汽车保险的理赔申请，减少人工审核的时间和错误率。

（5）风险管理：金融科技帮助保险公司更有效地管理风险。通过机器学习和人工智能技术，保险公司能够实时监测交易行为，识别潜在的欺诈和信用风险。这包括使用预测分析来预防欺诈行为，以及通过实时数据分析来提高风险评估的准确性。

（6）监管科技：金融科技还帮助保险公司满足日益严格的监管要求。通过自动化和智能化的工具，保险公司能够更有效地监控合规风险，确保业务的合法合规。监管科技（Reg Tech）的应用可以帮助保险公司自动化合规流程，减少人工干预，提高合规效率。

二、金融监管科技在金融市场监管中的应用

（一）监管科技概念和特点

监管科技（RegTech）是近年来金融科技领域迅速发展的一个分支。监管科技（RegTech）是金融监管与科技创新相结合的产物，它利用云计算、大数据、人工智能、区块链和 API 等技术手段来提高金融监管的效率和效果。以下是金融监管科技的四个主要特点：

1. 技术驱动的合规性

金融监管科技公司运用大数据、云计算、人工智能等技术来自动化合规流程，帮助金融机构更高效地满足监管要求。这些技术能够处理和分析大量数据，从而识别潜在的合规风险，减少人工审核的负担和成本。

2. 系统灵活性

监管科技系统具备高度的灵活性，能够处理不同规模、结构和类型的数据，包括结构化数据和非结构化数据。这种灵活性使得监管科技能够适应金融行业的多变性，有效支持合规流程的自动化，提高数据处理的效率和准确性。监管科技通过集成先进的算法和模型，能够实时更新和调整，以适应新的监管要求和市场变化。

3. 风险管理的创新性

监管科技通过引入人工智能、机器学习等技术，实现了对金融风险的实时监控和预测分析。这些技术能够分析大量的交易数据，识别异常模式，预测潜在的欺诈行为和市场趋势，从而提前采取措施以降低风险。监管科技的风险管理创新有助于金融机构更好地应对复杂多变的市场环境，提高整体的金融稳定性。

4. 标准化

监管科技的标准化特点主要体现在促进监管一致性、技术标准与监管规则的融合、数据标准的统一以及国际标准的对接与转化。通过制定统一的规范和流程，监管科技提高了金融机构合规的准确性和监管机构监督的效率。此外，标准化有助于降低金融机构的合规成本，加强数据安全和隐私保护，同时推动国内外监管

规则的协调，以适应金融市场全球化的趋势。

（二）金融监管科技在金融市场监管中的重要性

1. 提升监管效能

监管科技（RegTech）通过整合大数据、云计算、人工智能等前沿技术，为监管机构提供了强大的数据收集、分析和处理能力。这些技术的运用极大提升了监管的精准性和响应速度，使监管机构能够利用自动化工具和算法实时监控市场动态，快速识别并处理异常交易行为，有效维护市场秩序。例如，通过构建风险监测预警系统，监管机构能够对新兴金融企业的风险进行全方位实时监测，及时发现并预警潜在的金融风险。在实际应用中，RegTech 可以通过用户身份识别来发现和阻止可疑的交易行为，通过市场交易行为监控来发掘关联账户的异常操作，以及通过合规数据报送渠道的数字化来提高效率。

2. 降低合规成本

金融机构通过监管科技实现合规流程的自动化，不仅减少了繁琐的人工操作，还显著降低了因合规需求而产生的成本。利用大数据、人工智能、区块链等先进技术，金融机构能够自动化地完成客户身份验证、反洗钱、和反恐怖融资等合规要求，从而提高合规效率的同时，也降低了合规成本。[①]例如，通过自动化工具，金融机构可以在客户开立账户时进行快速的身份验证和背景调查，同时，机器学习和模式识别算法能够帮助识别可疑交易，提高检测准确性和效率。此外，随着监管规则的不断变化，合规科技可以帮助金融机构动态跟踪监管规则的变化，并将合规要求嵌入 IT 系统中，实现合规分析与报告的自动化。

3. 金融风险识别与预警

监管科技的智能算法通过实时监控市场行为，能够及时发现并预警潜在的金融风险点。这种预警系统不仅提高了监管机构的前瞻性和反应速度，而且有助于防范金融风险的扩散，确保金融市场的稳定运行。智能算法可以分析大量的交易数据，识别异常模式，预测市场趋势，并在风险达到临界值之前发出警报。此外，随着监管规则的不断变化，合规科技可以帮助金融机构动态跟踪监管规则的变化，

---

① 朱俊祺；苏唯忻；蔡思睿；方茂升.人工智能技术在合规监管上的赋能实践［J］.金融科技时代 2022 （8）35-44.

并将合规要求嵌入 IT 系统中，实现合规分析与报告的自动化。这种技术的应用，不仅提升了合规工作的效率，也减少了因人工操作导致的错误和延误，进一步降低了合规成本。

（三）金融监管科技的发展脉络

1. 起步期

监管科技（RegTech）的起步期可以追溯到 2015 年的英国，当时金融科技（FinTech）的快速发展给传统金融监管带来了挑战。金融科技的创新，如数字货币、在线支付平台和众筹等，为消费者带来了便利，但同时也增加了金融系统的风险。为了应对这些挑战，监管科技应运而生，旨在利用科技手段提高监管效率和效果。

在起步期，监管科技的主要应用集中在金融监管领域，特别是为了满足日益增长的合规要求。金融机构面临着复杂的法规环境，需要处理大量的客户数据和交易记录，以确保遵守反洗钱、了解你的客户等规定。监管科技通过自动化和数据分析工具，帮助金融机构更高效地管理这些合规任务。

监管科技的早期发展也受到了监管机构的推动。例如，英国金融行为监管局（FCA）提出了"监管沙盒"概念，为金融科技公司提供了一个安全的环境来测试他们的创新产品，同时减轻了监管负担。这种做法不仅促进了金融科技的发展，也为监管科技的应用提供了实践场景。

总的来说，监管科技的起步期是一个探索和实验的阶段，它为后来的快速发展奠定了基础。随着技术的不断进步和监管需求的增加，监管科技有望在未来发挥更大的作用。

2. 探索期

监管科技的探索期标志着这一概念和技术在全球范围内得到了更广泛的关注和应用。在这一时期，包括美国、加拿大、澳大利亚、新加坡在内的多个国家开始重视监管科技的发展，并出台了一系列政策来促进其成长。这些政策的实施，不仅为监管科技的发展提供了政策支持，也为相关企业和机构提供了实验和应用新技术的环境。

监管科技的应用开始从金融领域向其他领域扩展，如市场监管、健康医疗、网络安全等。各国监管机构和被监管机构开始尝试利用大数据、云计算、人工智能等新技术来提升监管和合规的效率。例如，新加坡金融管理局（MAS）推出了"监管沙盒"，允许金融科技公司在一定范围内测试其创新产品，这不仅促进了金融创新，也有效控制了风险。

在这一时期，监管科技的实践也开始从单纯的技术应用转向更加注重数据治理和分析。监管科技 3.0 时代的核心是数据，监管的数字化、智能化、精准高效离不开数据的支持。监管机构开始重视数据的采集、存储、分析和共享，利用先进的分析工具来识别和预防金融风险。

总体来看，监管科技的探索期是一个多元化和深入实践的阶段，监管科技开始在全球范围内得到应用，并逐渐成为提升监管效能、促进金融创新的重要工具。随着技术的不断进步和监管需求的增加，监管科技有望在未来发挥更大的作用。

3. 快速发展期

自 2019 年起，监管科技的发展进入了快速发展期。这一时期，监管科技的应用不再局限于金融领域，而是向其他产业扩展，如市场监管、健康医疗、网络安全等。产业互联网的快速发展孵化了新业态和新模式，这些新业态和新模式在推动经济发展的同时，也带来了新的监管挑战。

中国在这一时期监管科技的快速发展得益于国家政策的支持和技术创新的推动。中国政府高度重视科技创新，出台了一系列政策和措施，如"十四五"市场监管科技发展规划，以促进监管科技的发展。

监管科技的快速发展期也见证了新技术的广泛应用，包括大数据、云计算、人工智能等。这些技术的应用不仅提升了监管效率，还增强了监管的穿透力和预见性。例如，通过大数据分析，监管机构能够更准确地识别和预防金融风险；云计算提供了强大的数据存储和计算能力，使得监管机构能够处理大规模的数据集；人工智能则通过机器学习和模式识别，提高了监管的智能化水平。

总体来看，监管科技在快速发展期是一个多元化和深入实践的阶段，监管科技开始在更广泛的领域得到应用，并逐渐成为提升监管效能、促进产业创新的重要工具。随着技术的不断进步和监管需求的增加，监管科技有望在未来发挥更大的作用。

（四）监管科技在市场监管中的应用领域

1. 监管数据管理

监管数据管理是监管科技应用的基石，它涵盖了数据的收集、存储、处理和分析等环节。在市场监管领域，有效的监管数据管理能够帮助监管机构全面监控市场活动，提升监管的透明度和效率。例如[①]通过建立统一的市场监管大数据中心，可以实现数据的集中管理和共享，为监管决策提供数据支持。

监管机构可以利用大数据技术进行市场主体全景信息画像，实现企业信息归集技术与企业信用风险分类管理。基于大数据的市场主体跨域信用融合、承诺、应用和修复，以及企业信用、产品质量信用风险精准识别与智能监测预警等关键技术，支撑信用监管体系建设。

监管数据管理还包括对数据的全链条闭环管理，确保数据管理依法合规，防范安全风险。此外，还需要加强源头治理，强化数据标准执行，健全信息录入的校验机制，强化企业填报信息完整性与逻辑性的审核提示，提高归集信息的全面性。

监管数据管理的挑战包括数据采集有限、存在信息孤岛、数据监管应用价值有待挖掘。为了解决这些问题，需要完善数据全流程合规治理与监管体系，构筑数据高效安全流通屏障。同时，需要夯实数据采集质量，提升大数据专业素养，以确保数据的准确可靠，为监管提供有效的决策支持。

2. 情景模拟和预测

情景模拟和预测是监管科技中的一项关键应用，它允许监管机构通过构建不同的市场情景来预测和评估潜在的市场趋势和风险。这种技术尤其对于制定宏观调控政策和防范系统性金融风险至关重要。

在金融市场，监管科技可以通过分析历史数据和实时市场信息，构建多种可能的市场情景，包括极端市场波动、经济衰退、政策变化等。通过这些情景分析，监管机构可以更好地理解市场动态，评估不同政策变化可能带来的影响，从而提

---

① 陈大海，同姗. 大数据技术在市场监管行业应用思考 [J]. 中国信息化 2021（11）：71—72.

前采取措施，防范潜在的市场风险。

例如，监管科技可以用于构建价格监测监管技术体系，服务于宏观调控要求的价格异常波动监测预警、价格趋势变化预测模型等。这不仅有助于监管机构及时识别价格操纵行为，还能够预测价格变化趋势，为政策制定提供科学依据。

此外，情景模拟和预测还可以应用于金融交易实时监测。监管科技通过实时分析交易数据，结合情景模拟，可以更有效地识别异常交易模式，如洗钱、欺诈等非法金融活动。金融机构可以利用这些技术来提高交易监测的质量和效率，加强风险防控水平。

在资产管理领域，情景模拟和预测技术也被广泛应用。例如，清华大学全球证券市场研究院开发的"中国资产风险因子体系"已经被成功落地于资产管理行业，助力资管行业转型升级。该系统通过模拟仿真、运筹优化与计算机技术，实现了全面资产负债联动管理与投资决策优化，提升了模拟效率。

3. 金融交易实时监测

金融交易实时监测是监管科技在金融市场中的关键应用，它通过实时分析交易数据来帮助监管机构及时发现并打击洗钱、欺诈等非法金融活动。在中国，金融机构必须遵守《金融机构大额交易和可疑交易报告管理办法》，通过其总部或指定机构按规定路径和方式提交大额和可疑交易报告。

这种监测通常依赖于复杂的算法和模型，例如监督学习技术，这些技术能够提升金融交易监测的质量和效率，加强金融机构的风险防控水平。模型的构建包括场景搭建、特征提取、特征工程和模型训练等环节。通过这些环节，可以构建出既能是线性也能是非线性的模型，更精准地拟合出实际场景中可疑和正常交易的分类边界。

监管科技通过实时监测交易，可以帮助监管机构及时捕捉异常交易模式，如频繁的小额交易、短时间内资金的大额转移等，这些可能是洗钱活动的迹象。此外，监管科技还能够通过自然语言处理技术分析交易相关的通信内容，以识别潜在的欺诈行为。

随着技术的发展，监管科技在金融交易实时监测方面的应用变得更加广泛和深入。例如，一些金融机构和科技公司正在探索使用人工智能和机器学习技术来提高交易监测的智能化水平，从而更有效地识别和预防金融犯罪。

4. 落实"了解你的客户"原则

落实"了解你的客户"原则"了解你的客户"（KYC）是金融监管中的一个核心原则，它要求金融机构在与客户建立业务关系时，必须对客户的身份进行核实，了解客户及其交易的目的和性质。监管科技在这一领域的应用，通过数据分析和身份验证技术，帮助监管机构和金融机构确保市场参与者的身份真实性和合法性，从而提高金融服务的安全性和合规性，同时减少金融犯罪的风险。

随着技术的发展，KYC流程已经从传统的人工审核转变为利用监管科技进行自动化处理。例如，eKYC（电子了解您的客户）通过在线平台、数字文档和自动检查简化了身份验证过程，不仅提高了效率，还减少了人为错误。金融机构可以利用光学字符识别（OCR）技术自动读取和验证身份证件上的信息，通过活体检测确保证件持有者本人在场，以及使用生物识别数据检查来提高身份验证的准确性。

此外，监管科技还能够帮助金融机构进行持续的客户尽职调查（CDD），通过实时更新数据库，提高审核的准确度。区块链技术也被引入KYC流程，以提高信息的安全性和质量。这些技术的应用不仅降低了KYC过程中的时间和金钱成本，还提高了效率并改善了金融机构的参与意愿。

然而，监管科技在KYC中的应用也面临挑战，如监管问题、数据隐私、技术壁垒、集成问题、对技术的依赖以及滥用的可能性。监管科技的实施需要与现有金融监管体系有效衔接，同时，监管科技标准化体系的建立、应用试点的开展、政策的衔接、协同合作的深化以及技术应用风险的防控也是监管科技成功实施的关键。

5. 对监管规则进行机器解读

监管科技在对监管规则进行机器解读方面发挥着越来越重要的作用。传统的监管合规依赖于人工解读和执行，但随着金融科技的快速发展和监管规则的日益复杂化，这一过程变得越发繁琐和低效。利用人工智能技术，特别是自然语言处理（NLP）和机器学习，监管科技可以自动化地解读和分析监管规则，提高合规效率并减少人为错误。

通过构建监管规则知识库，机器可以学习纷繁复杂的法律、法规、监管政策体系，进行汇总、关联、比对和自动分析，进而构建智能化的监管规则体系，有效提高规则理解的一致性，降低金融机构的合规成本。例如，利用 NLP 技术对监管规则进行语义分析，可以识别和提取规则中的关键信息，如合规要求、限制条件和处罚措施等，从而帮助金融机构快速理解和响应监管要求。

此外，人工智能技术还可以通过类似事实推理进行风险识别并快速处理，监管机构应当及时总结并制定出风险防范规则原则，以供人工制度规则库的升级，减少合规风险的产生。这意味着监管科技不仅能够解读现有规则，还能够基于历史数据和模式识别预测潜在的风险点，并提供相应的风险防范建议。

随着技术的不断进步，监管科技在对监管规则进行机器解读方面的应用将更加广泛和深入，有助于构建更加高效、智能的监管体系。

第二节　数字货币与区块链的法律问题

一、数字货币概述

（一）数字货币的定义、特点与种类

1. 数字货币的定义

数字货币（Digital Currency）是一种电子形式的货币，它不是以物理形式存在，而是通过电子方式进行存储和流通。它可以用来购买商品和服务，也可以进行电子转账。数字货币可以由政府（或者中央银行）发行，也可以由私人部门发行。[①]

2. 数字货币的特点

数字货币的特点主要有：

（1）去中心化：许多数字货币如比特币运行在去中心化的网络之上，没有单一的发行机构控制。

---

① 崔时庆；刘全宝.数字货币［M］.陕西：西安交通大学出版社，2022：27.

（2）安全性：数字货币利用加密技术保证交易安全，减少欺诈和双重支付的风险。

（3）透明性：所有交易记录在区块链上公开，可验证和追踪，提高透明度。

（4）全球性：数字货币可以跨越国界进行交易，不受地域限制。

（5）匿名性：某些数字货币提供一定程度的匿名性，保护用户隐私。

3. 数字货币的种类

（1）法定数字货币：由国家发行，具有法定的支付地位，如中国的 DCEP（数字货币电子支付）。

（2）私人数字货币：由私人机构发行，如比特币、以太坊等加密货币。

（3）稳定币：旨在维持固定价值，通常与法定货币或其他资产挂钩，如 USDT。

（4）实用代币：提供对某个产品或服务的访问权限，通常用于融资或激励机制。

（5）安全代币：代表资产所有权，如股票、房地产等，通常受证券法规监管。

（二）数字货币的兴起背景

1. 技术进步

互联网技术和加密技术的发展为数字货币的诞生提供了技术基础。区块链技术以其去中心化、不可篡改的特性，为数字货币提供了可靠的运行平台。

2. 金融创新

传统金融体系的局限性和金融服务的不完善，促使人们寻求更高效、低成本的支付和转账手段。数字货币以其快速、低成本的特点满足了这一需求。

3. 全球化趋势

全球化带来了跨国界的支付和转账需求，数字货币可以跨越国界进行交易，不受地域限制，为国际贸易和资金流动提供了便利。

4. 政府和中央银行的探索

为了提高金融系统的效率和安全性，降低现金管理成本，一些国家的中央银行开始研究和试验发行自己的数字货币，如中国的数字人民币（DCEP）和瑞典的数字克朗（e-Krona）。

5. 私营部门的推动

私营部门，如科技公司和创业公司，也在积极开发和推广各种加密货币，以期在数字经济中占据一席之地。例如，中国的科技巨头们布局区块链与加密行业，通过投资、合作与技术创新，在这个充满挑战与机遇的领域中寻求突破。

6. 消费者的需求

随着消费者对便捷、安全支付方式的追求，数字货币以其快速交易和高度安全性，满足了现代支付需求，成为支付新选择。例如数字货币的匿名性和去中心化特点，满足了用户隐私保护提供了新的解决方案。

二、数字货币的法律效力

（一）数字货币的法律地位

数字货币的法律地位是一个日益受到关注的话题，尤其是在它们逐渐成为主流支付选项的背景下。中国已经将数字货币的研发写入"十四五"规划，并正在积极推动相关法律框架的建立和完善。在中国，法定数字货币（CBDC）由中国人民银行发行，具有国家主权信用背书，其法律性质属于基础货币。数字人民币作为 CBDC 的典型代表，正在国内扩大试点和应用范围，同时也在探索跨境支付和结算的国际合作。

数字货币的法律地位通常取决于其是否得到主权国家的认可和支持。主权数字货币，如中国的数字人民币（e-CNY），通常具有法定的支付地位和强制流通能力。而非主权数字货币，如比特币和其他加密货币，在不同国家的法律地位存在较大差异，它们可能被视为商品、财产或在某些情况下甚至不具有合法货币的地位。

随着数字货币的发展，各国政府和监管机构正在加快制定相关法律规范，以明确数字货币的法律地位，并为数字货币的发行、流通和监管提供法律基础。一方面，这有助于保护消费者权益和防止金融犯罪，另一方面，也促进了数字货币的健康和有序发展。

在法律属性方面，数字货币可能被视为货币、财产或其他形式的资产。例如，中国已经明确提出，任何单位和个人都不得制作和发售数字代币。这意味着在中国，非主权数字货币不具有货币的法律地位，并且相关业务活动可能被视为非法金融活动。

总的来说，数字货币的法律地位和属性是多维度的，包括货币的合法地位、货币与财产的属性，以及发行和流通的法律规范等多个方面。这些方面的具体内容正在随着数字货币技术的发展和实践的深入而不断完善和明确。

（二）数字货币与法定货币的关系

数字货币与法定货币的关系是多层次的。首先，数字货币通常是指以数字形式存在的货币，它可以是法定的，也可以是私人发行的。法定数字货币是由国家中央银行发行的数字形式的货币，如中国的数字人民币（DCEP）和瑞典的数字克朗（e-Krona），它们是法定货币的电子版本，具有法定的支付地位和强制流通能力。

法定数字货币的发行，旨在提高支付系统的效率和安全性，降低现金管理成本，并增强货币政策的传导效果。它们与传统纸币和硬币有相同的面值，并且通常被设计为替代现金，即属于基础货币 M_0 的范畴。法定数字货币由国家主权信用担保，是法币的数字化形式，其币值、利率与本国纸币保持一致。法定数字货币的流通发行将改变金融科技生态，对现行支付清算机制产生巨大影响，央行将有效监测资金的准确动向，通过大数据分析宏观经济的整体走向和微观经济的客观需求。

总之，数字货币与法定货币之间的关系是互补和融合的。随着技术的发展和监管的完善，法定数字货币有望在未来的金融体系中发挥更加重要的作用。

三、数字货币对现有金融体系的影响

1.支付系统的变革

数字货币提供了一种新的支付手段，其快速、低成本的特点满足了现代支付需求，可能对现有的支付系统造成冲击。数字货币的匿名性和去中心化特点，为用户隐私保护提供了新的解决方案，同时也减少了传统支付方式中可能出现的中介风险。

2. 货币政策的调整

数字货币的出现可能会影响中央银行的货币政策效果。一方面，数字货币的流通可能会减少传统货币的需求量，影响货币乘数和货币供应量；另一方面，中央银行可以利用数字货币更精确地实施货币政策，提高政策的透明度和效率。

3. 金融监管的挑战

数字货币的去中心化特性可能会对现有的金融监管框架带来挑战。监管机构需要适应新的技术环境，加强对数字货币的监管，以防范金融风险，保护消费者权益。同时，数字货币的跨境支付功能可能会对现有的外汇管理和资本流动监管带来影响。

4. 金融稳定性的影响

数字货币的广泛应用可能会对金融稳定性产生影响。一方面，数字货币的波动性可能会传导至传统金融市场；另一方面，数字货币的普及可能会改变金融市场的结构，增加金融市场的复杂性和不确定性。因此，监管机构需要密切关注数字货币对金融稳定性的影响，并采取适当的监管措施。

四、全球数字货币的发展现状与挑战

（一）现状

1. 中央银行数字货币（Central Bank Digital Currency）的发展

全球范围内，多个国家的中央银行正在积极探索和测试 CBDC，以适应数字经济的需求。例如，巴哈马、牙买加、尼日利亚等国已经推出了自己的 CBDC，超过 100 个国家正在探索阶段。中国数字人民币（DCEP）和瑞典的电子克朗（e-Krona）是这一趋势中的先行者。

2. 私营数字货币的兴起

除了 CBDC 之外，私营部门也在积极发行和推广加密货币，如比特币和以太坊等。这些货币主要以去中心化的方式存在，为用户提供了新的投资和交易渠道。私营部门的参与推动了市场竞争，促进了技术创新。

3. 跨境支付的改进

数字货币被看作是优化跨境支付的潜在途径，可以提高效率，降低成本。一些中央银行正在积极探索如何利用CBDC来优化跨境支付，例如通过多边央行数字货币桥项目（mBridge）来实现不同国家货币的点对点即时兑换，提升金融包容性。这种多边合作的方式有助于形成全球央行数字货币标准，同时支持跨境同步交收（PvP），提高结算效率并降低风险。

4. 法律和监管框架的建立

随着数字货币的兴起，许多国家正在加强制定和完善相关法律和监管框架。例如，欧盟推出了市场上首个全面的加密资产监管框架（MiCA），国际货币基金组织（IMF）也出版了关于CBDC的虚拟手册，为政策制定者提供参考和指导。

全球数字货币市场正在快速发展，预计到2032年市场规模将达到16.95亿美元，显示出了巨大的增长潜力。各国对数字货币的探索和应用，不仅影响着货币政策和金融稳定性，也对传统的金融体系带来了挑战和机遇。

（二）数字货币监管的挑战与问题

1. 跨境监管的复杂性

数字货币的跨境监管是监管面临的主要挑战之一。由于数字货币的去中心化和全球性特点，它们可以轻松跨越国界，这使得对它们的监管变得复杂。不同国家和地区对数字货币的监管态度和政策存在差异，有的国家对数字货币持开放态度并试图通过立法规范其发展，而有的国家则采取严格限制或禁止的措施。这种差异导致了监管套利行为，增加了监管的难度。此外，跨境支付的改进虽然提高了效率，但也带来了资本流动风险，可能加剧汇率波动和金融不稳定。

2. 技术风险与安全问题

数字货币的技术风险和安全问题也是监管面临的挑战。区块链技术虽然提供了去中心化和安全性，但也存在技术漏洞和安全风险。例如，智能合约的漏洞可能导致资金损失，加密算法可能被破解，网络攻击可能导致系统瘫痪。监管机构需要确保数字货币的安全性，同时防范技术风险，这要求监管机构具备相应的技术能力和专业知识。

3. 洗钱与恐怖融资风险

数字货币的匿名性和难以追踪的特点使其成为洗钱和恐怖融资活动的理想工具。犯罪分子可以利用数字货币清洗非法所得，或者为恐怖活动提供资金。这不仅破坏了金融秩序，也对社会安全构成威胁。监管机构必须采取措施，如实施客户身份验证（KYC）和交易监控，以防止数字货币被用于非法活动。同时，需要加强国际合作，共同打击利用数字货币进行的跨境洗钱和恐怖融资活动。

（三）数字货币监管措施

1. 法律地位和法偿性

数字货币的法律地位和法偿性是其被广泛接受和使用的前提。法律地位的明确意味着数字货币在法律上被认定为合法的支付手段，而法偿性则确保了数字货币可以用于偿还所有公共和私人债务，任何单位和个人不得拒收。这不仅提升了数字货币的可信度，也为数字货币的流通提供了法律保障。例如，中国正在推进的数字人民币（e-CNY）就是由中国人民银行发行的法定数字货币，具有法定的法偿性。

2. 所有权转移认定

数字货币的所有权转移认定是其合法交易的关键。由于数字货币不具有物理形态，其所有权的转移需要通过法律明确，以解决交易过程中的权属问题。这通常涉及到数字货币的钱包地址和私钥管理，以及交易的确认机制。法律上需要明确数字货币的所有权转移的条件和方式，以保护用户的合法权益，并确保交易的合法性。

3. 用户隐私和数据保护

用户隐私和数据保护是数字货币监管的重要方面。随着数字货币的普及，用户的交易数据和个人信息安全变得尤为重要。法律上需要明确电子认证中心的法律地位和信息保护职责，建立健全信息数据操作规范和保护机制，保护用户身份信息和交易数据不被非法获取和泄露。例如，数字人民币在设计上就考虑了用户隐私的保护，通过"双层运营"体系和钱包矩阵设计，实现了对用户隐私的保护。

4. 反洗钱监管

反洗钱监管是数字货币监管中的重要组成部分。数字货币的匿名性和跨境流动的特点使其容易被用于洗钱等非法活动。因此，建立客户身份识别制度、大额和可疑交易报告制度，并采用大数据进行风险评估，实时移送可疑报告，是防范洗钱活动的关键措施。这要求数字货币交易所和其他相关机构必须遵守反洗钱法规，采取有效的客户身份验证和交易监控措施。

5.技术安全和风险防控

技术安全和风险防控是数字货币监管的基础。数字货币系统的安全性直接关系到用户的资产安全和数字货币的稳定性。因此，需要加强央行数字货币系统的安全性防备，提高系统可信度，防范系统安全风险、数字钱包被盗用等风险。这包括采用先进的加密技术、建立完善的风险预警机制和应急处理机制。

6.跨境支付监管

跨境支付监管是数字货币监管的另一个重要方面。随着全球化的发展，数字货币的跨境支付需求日益增长。建立多边监管合作机制，明确各国在监管框架中的权利和义务，确定统一的标准和规范体系，对于促进数字货币的跨境支付至关重要。这有助于降低跨境支付的成本和时间，提高支付效率。

7.监管协调

监管协调是确保数字货币监管有效性的关键。随着数字货币的国际化趋势，不同国家和地区之间的监管政策和标准需要协调一致。[1] 通过国际组织如 BIS、IMF 等推动 CBDC 跨境应用的监管探索实践，不断扩大技术测验范围，增加参与方，旨在尽快解决 CBDC 跨区域操作和应用存在的技术障碍问题，并厘清这些技术应用可能存在的外溢风险。

五、区块链技术对金融法律的挑战

（一）区块链技术的含义和特点

区块链技术是一种分布式账本技术，它通过去中心化的方式维护一个可靠、透明的数据记录。区块链技术的核心特点确实包括不可篡改性、透明性、去中心化和安全性。

1.不可篡改性

一旦数据被写入区块链，就无法被更改或删除，因为每个区块都包含前一个

---

① 李帅，屈茂辉.数字货币国际监管的法律秩序构建［J］.法学评论 2022（4）：148-160.

区块的哈希值，任何试图篡改信息的行为都会被网络中的其他节点检测到。

2. 透明性

区块链上的所有交易对网络中的所有参与者都是可见的，这增加了系统的透明度，尽管用户的身份可以保持匿名。

3. 去中心化

区块链不依赖于中央权威或单一管理机构，而是由网络中的多个节点共同维护和验证，这使得系统更加开放和民主。

4. 安全性

区块链使用先进的加密技术来保护数据，确保只有授权用户才能访问和交易，同时防止欺诈和篡改。

交易记录，通过密码学方法与前一个区块相连接，形成一个不断增长的链条。

六、区块链技术的发展过程

区块链技术的发展每个阶段都代表了技术的进步和应用的扩展。

区块链 1.0：这个阶段以比特币的诞生为标志，主要聚焦于加密货币的支付和流通功能。比特币作为第一个去中心化的数字货币，解决了在没有中央权威的情况下的双重支付问题。区块链 1.0 技术的核心是去中心化和加密货币，它为后续的技术发展奠定了基础。

区块链 2.0：随着以太坊的出现，区块链技术进入了 2.0 时代。以太坊不仅支持加密货币的交易，还引入了智能合约的概念，这是一种自动执行、控制或记录合约条款的计算机程序。智能合约的引入，使得区块链技术可以应用于金融交易之外的许多其他领域，如供应链管理、投票系统和身份验证等。

区块链 3.0：这一阶段的区块链技术进一步扩展到金融领域之外，涵盖了社会生活的各个方面。区块链 3.0 的目标是实现更广泛的数据共享和价值传递，推动社会向更高效、透明和安全的方向发展。这一阶段的技术更加注重隐私保护、跨链互操作性和大规模应用的可能性。

区块链 4.0：目前，区块链技术正朝着区块链 4.0 的高性能、广应用的方向发展。区块链 4.0 旨在解决前几个阶段的技术限制，如可扩展性、互操作性和用户体验等问题。它强调的是技术的集成和融合，以及在商业和工业环境中的广泛应用。

区块链 5.0：虽然目前还没有广泛认可的区块链 5.0 的定义，但一些观点认为，未来的区块链技术将更加注重人工智能、物联网和区块链的结合，实现更加智能化和自动化的系统。这可能包括利用区块链技术来管理复杂的供应链、提高数据安全性和隐私保护，以及创造新的商业模式。

总的来说，区块链技术的发展经历了从单一的加密货币应用到智能合约的引入，再到多领域的扩展，目前正朝着更高效、更广泛的应用发展。随着技术的不断进步，区块链的应用将更加广泛，为社会带来更多的变革和发展。

七、区块链技术在金融领域的应用

区块链技术在金融领域的应用是多方面的。

1. 支付和结算

区块链技术在支付和结算领域的应用，通过构建一个去中心化的支付网络，提供了快速、低成本的支付解决方案。Ripple（瑞波）就是基于这种技术构建的支付网络，它允许不同货币的快速转账，交易速度快、交易费用低。区块链的去中心化特性减少了交易过程中对中介机构的依赖，降低了交易成本和时间延迟。同时，区块链的不可篡改性确保了交易记录的安全性和可靠性，增强了支付系统的整体信任度。

2. 供应链金融

在供应链金融中，区块链技术的应用可以提高透明度和效率。通过区块链平台，供应链上的每个参与方都能够实时查看和验证交易记录，这减少了欺诈和错误的可能性。区块链的分布式账本技术确保了数据的一致性和不可篡改性，从而增强了供应链中资金流、物流和信息流的透明度和追踪性。这不仅提高了供应链的效率，还增强了供应链上下游企业之间的信任。

3. 数字货币

央行数字货币（CBDC）是区块链技术在金融领域的另一项重要应用。CBDC 利用区块链技术的特性，如去中心化和不可篡改性，来提高货币流通的安全性和效率。CBDC 可以作为一种法定的数字形式的货币，由国家中央银行发行和管理。这种数字货币的使用可以降低传统纸币的发行和流通成本，同时提高支付系统的效率和安全性。此外，CBDC还可以增强货币政策的传导效率，为中央银行提供更多的货币政策工具。

4. 贸易金融

区块链技术在贸易金融领域的应用，特别是在信用证和文档验证方面，能够大幅简化流程并提高效率。在传统的贸易金融中，单据的验证和交换往往耗时且容易出错。区块链平台通过提供一个不可篡改的、透明的记录系统，使得所有参与方都能够实时访问和验证贸易文件。这种无纸化的处理方式减少了文档丢失或损坏的风险，同时加快了交易速度。自动化的流程也减少了人为错误和欺诈的可能性，增强了贸易金融的安全性和信任度。

5. 资金管理

金融机构利用区块链技术，可以更好地管理和优化资金流动性。区块链提供了一个透明的、可追踪的资金流动记录，使得金融机构能够实时监控资金的使用情况和流向。这种透明度有助于提高资金的安全性，同时增强了资金管理的效率。金融机构还可以利用智能合约自动执行资金的划转和结算，减少了人工操作的需求，降低了操作风险和成本。

6. 支付清算

区块链技术在支付清算领域的应用，可以显著提高支付系统的效率。传统的支付清算过程往往涉及多个中介机构，导致交易时间延长和成本增加。区块链技术通过构建一个去中心化的支付网络，允许参与者直接进行交易，无须通过中心化的清算机构。这种点对点的交易方式减少了中间环节，加快了交易速度，降低了交易成本。同时，区块链的不可篡改性也提高了支付清算的安全性。

7. 数字资产

区块链技术为数字资产的创建、交易和管理提供了一个坚实的基础。加密货币如比特币和以太坊，以及其他代币化资产，都是在区块链上发行和交易的。区块链的去中心化和不可篡改性确保了数字资产的安全性和真实性。此外，智能合约的应用使得数字资产的交易可以自动执行，无须第三方的介入，这降低了交易成本，提高了交易效率。数字资产的所有权和交易记录在区块链上公开透明，增加了市场的流动性和透明度。

8. 在保险领域的应用

区块链技术在保险领域的应用主要体现在自动化索赔处理上。通过智能合约，保险条款可以被编程到区块链中，当预定条件被触发时，如客户出险，系统可以自动处理索赔，无须人工介入，大大提高了效率和透明度。此外，区块链的不可篡改性也有助于确保保险记录的真实性，减少了欺诈行为的发生。

9. 在证券领域的应用

在证券领域，区块链技术的应用可以提高市场的透明度和效率。区块链可以用于证券的发行、交易和结算过程，所有交易记录都是公开和透明的，这有助于减少欺诈和错误。同时，区块链的去中心化特性可以降低交易成本，提高交易速度，使得证券交易更加高效。

10. 身份验证

区块链技术在用户身份验证方面的应用提供了一种安全、可靠的解决方案。区块链可以创建一个去中心化的身份管理系统，用户的身份信息被加密并存储在区块链上，只有通过验证的个人才能访问和控制自己的信息。这种方式提高了数据安全性，减少了数据泄露和身份盗窃的风险。同时，区块链身份验证系统可以跨平台使用，为用户提供了便捷的单点登录体验。

八、区块链技术对金融法律挑战

区块链技术的发展对金融法律领域带来了一系列挑战，这些挑战主要体现在以下几个方面：

1. 法律地位的不确定性

区块链技术尤其是数字货币的法律地位在很多国家和地区尚未明确，这给法律监管带来了困难。数字货币的属性界定问题，即是将其视为货币、证券还是商品，这一点至关重要，因为它直接关系到其适用的法律框架和监管机构。这种不确定性导致了监管的空白，可能会使得一些不良行为者利用这种模糊性进行非法活动。例如，比特币等加密货币的匿名性和去中心化特点，虽然为用户提供了一定程度的隐私保护，但同时也为洗钱、资助恐怖主义等非法活动提供了便利。

为了应对这些挑战，监管机构需要加强与技术开发者和行业参与者的合作，共同探讨和制定适应区块链技术发展的法律规则和监管政策。同时，也需要加强公众教育，提高对区块链技术及其法律问题的认识和理解。监管机构面临的挑战是如何在不抑制技术创新的前提下，确保金融安全和消费者权益。这可能涉及到建立新的法律框架，或者对现有法律进行修订，以适应数字货币和其他区块链应用的特点。

此外，监管机构还需要考虑如何在全球范围内协调监管政策，因为区块链技术和数字货币的跨境性质使得单一国家的监管措施可能难以发挥作用。这需要国际合作和协调，以确保监管措施的有效性，并防止监管套利。

2. 去中心化的挑战

区块链技术的去中心化特性为金融交易带来了革命性的变革，但同时也对现有的金融监管模式提出了前所未有的挑战。[①] 监管机构必须适应这种新模式，寻找有效的监管手段来确保金融市场的稳定和安全。

首先，去中心化金融的兴起，使得金融服务可以在全球范围内无许可地进行，这给传统的地理边界内的监管带来了困难。例如 DeFi 平台通过智能合约自动执行金融交易，这些交易不受单一司法管辖区的限制，因此监管机构需要跨国合作，共同制定监管框架。

其次，去中心化自治组织的出现，使得组织决策和管理不再依赖于中心化的权力结构，而是基于代币持有者的投票。这种模式虽然提高了透明度和民主性，但也带来了监管难题，因为去中心化自治组织的法律地位和责任界定不明确。

此外，区块链技术的匿名性和不可篡改性虽然为用户隐私提供了保护，但也为洗钱、诈骗等非法活动提供了便利。例如，利用区块链"智能合约"进行的诈骗案件，犯罪分子通过发布虚假的 HT "智能合约"非法获取受害人的 ETH，涉案金额高达亿余元。

为了应对这些挑战，监管机构需要采取多方面的措施。首先，可以通过技术手段对区块链交易进行监控和分析，识别可疑交易模式，提高对非法活动的打击力度。其次，可以通过立法明确 DAO 的法律地位和责任，要求 DAO 遵守反洗钱和用户身份验证等合规要求。最后，监管机构还可以与区块链社区合作，鼓励行业内的自律和最佳实践的推广。

---

① 郑磊.去中心化金融和数字金融的创新与监管［J］.财经问题研究，2022（4）：65-74.

3. 智能合约的法律效力

智能合约作为区块链技术的一项重要应用，其法律效力和地位一直是法律界和科技界探讨的热点问题。智能合约的自动执行特性在提高效率的同时，也带来了与传统合同法规则的潜在冲突。[①]

首先，智能合约的法律效力取决于其是否满足合同法的基本要求。智能合约作为一种数字化的合同形式，其代码和算法需要能够体现这些合同要素。智能合约的代码需要足够明确，以便在法律上解释和执行。

其次，智能合约的自动执行特性可能会导致在合同履行过程中缺乏灵活性，这与传统合同法中的合同变更和解除规则相冲突。为了解决这一问题，可能需要在智能合约的设计中加入一定的灵活性机制，比如设置终止条件或者允许在特定情况下修改合约条款。

此外，智能合约的法律地位不明确，如何将其纳入现有法律体系是一个挑战。智能合约可能需要被视为一种新型的合同形式，需要法律上的明确定位和规范。

智能合约的法律风险及其规制也是研究的重点。智能合约的编码风险、安全风险、隐私风险和性能风险都需要通过法律和技术手段来控制和降低。

最后，智能合约的研究进展表明，智能法律合约（SLC）是解决智能合约法律地位的可行途径。通过确保智能合约满足法律化的基本规则，比如文法要求、非赋权原则和审查准则，可以使智能合约在法律上具有与纸质合同相同的效力。

4. 隐私保护与反洗钱的平衡

区块链技术的匿名性和不可篡改性为隐私保护提供了新的解决方案，但同时也给反洗钱带来了挑战。如何在保护用户隐私的同时有效打击洗钱和恐怖融资活动，是一个需要法律和技术共同解决的问题。

区块链的匿名性和去中心化特性也给反洗钱带来了挑战。[②]加密货币的交易虽然记录在区块链上，但交易双方的身份难以确定，这给追踪和打击洗钱活动带来了困难。为了应对这些挑战，国际组织和各国政府正在加强和完善反洗钱制度，

---

① 欧阳丽炜；王帅；袁勇；倪晓春；王飞跃.智能合约：架构及进展［J］.自动化学报，2019（3）：445-457.

② 施志晖；王景斌；黄进；余赞.基于区块链的反洗钱名单共享系统设计与研究［J］.现代信息科技，2020（20）：159-162.

包括加强对加密货币的监管。

在技术层面，区块链密码学隐私保护技术的发展为解决这一问题提供了可能。例如，通过特殊数字签名、属性基加密、同态加密、安全多方计算和零知识证明等技术，可以在保护交易隐私的同时，为监管机构提供必要的信息，以打击洗钱和恐怖融资活动。利用区块链和多方隐私安全计算技术，实现了数据"可想不可见"，在保护用户数据的基础上，帮助反洗钱机构准确识别高风险信息，提升洗钱风险防控。这种技术的应用，不仅确保了数据的真实性和可靠性，而且可以随时被审计和查阅，有效降低了机构间的信任成本，提升了防范洗钱风险和打击金融犯罪的效率。

5. 跨境支付的法律问题

区块链技术在跨境支付中的应用，为国际贸易和金融活动带来了新的机遇，但同时也带来了一系列法律挑战。在《区域全面经济伙伴关系协定》（RCEP）框架下，如何构建适应区块链跨境支付的法律规则，成为各成员国需要共同面对的问题。

首先，跨境支付的法律问题涉及到货币政策的执行和金融稳定。区块链技术的去中心化特性可能会绕过传统的外汇管理和国际结算体系，这对国家的货币政策构成潜在影响。因此，需要制定相应的法律规则来确保国家对跨境资金流动的监管能力。

其次，跨境支付的法律构建需要强化合规管理，提升风控水平。这包括建立和完善跨境支付的监管框架，确保交易的真实性、合法性，以及资金收付的一致性。同时，需要加强对大额、可疑、高频交易的监测，以及高风险交易的相关单证核验。

此外，跨境支付的法律规则还需要考虑到技术的发展和创新。例如，区块链技术的应用可能会改变跨境支付的模式，使得支付更加快速、透明和安全。因此，法律规则的制定需要具有一定的前瞻性和灵活性，以适应技术的快速变化。

6. 技术标准和监管的统一问题

区块链技术的快速发展和广泛应用，对统一的技术标准和法律规范提出了迫切需求。为了确保不同区块链平台之间的互操作性和数据一致性，以及应对不同国家和地区对区块链技术监管态度和政策的差异，国际层面的协调变得尤为重要。

中国政府网发布的《区块链和分布式记账技术标准体系建设指南》，就是中国在推动区块链标准化建设方面的重要举措。

在监管方面，中国已经出台了《区块链信息服务管理规定》，旨在规范区块链信息服务活动，维护国家安全和社会公共利益，保护公民、法人和其他组织的合法权益，促进区块链技术及相关服务的健康发展。规定中明确了区块链信息服务提供者应当落实信息内容安全管理责任，建立健全用户注册、信息审核、应急处置、安全防护等管理制度。

在国际合作方面，RCEP框架下的跨境支付法律问题与规则构建，需要强化合规管理，提升跨境支付风控水平。这要求成员国之间加强合作，共同探讨和协商，制定统一的跨境支付法律规则。

7. 消费者保护问题

区块链技术在金融领域的广泛应用，为消费者带来了前所未有的交易透明度和安全性，但同时也引发了消费者保护的新问题。消费者保护的核心在于确保交易的透明度、公平性和安全性，同时在出现问题时提供有效的法律救济。

区块链技术通过其不可篡改的分布式账本，为交易透明度提供了坚实的基础。每个区块包含前一个区块的哈希值，确保了交易记录的完整性和真实性。这种设计使得任何试图篡改交易记录的行为都很容易被检测到，从而保护了消费者的知情权和交易安全。

其次，区块链技术的公开透明特性，允许任何人查看交易信息，这增加了交易的公平性。由于所有交易都在网络中公开，因此可以防止不公正的交易行为和欺诈活动，确保消费者在公平的环境中进行交易。在安全性方面，区块链利用加密技术和共识机制来保护交易数据的安全。智能合约的自动执行特性，可以在没有第三方介入的情况下执行合同条款，减少了交易过程中的风险。

区块链技术为消费者保护提供了新的解决方案，但同时也需要法律的支持和监管的跟进，以确保消费者的合法权益得到充分保护。中国政府发布的《区块链信息服务管理规定》就是为了规范区块链信息服务活动，最高人民法院发布的《关于加强区块链司法应用的意见》强调了区块链技术在提升司法公信力和效率方面的作用，同时也为消费者提供了更强的法律救济途径。

第五章　维护金融市场秩序与促进经济繁荣的策略

第一节　宏观经济政策与金融监管的协同

一、宏观经济政策制定中的法律考量

宏观经济政策的法律考量是为了确保政策的合法性、一致性和稳定性，同时也是对政府权力的一种制约。法律框架明确了政府在市场经济中的角色和边界，保障了市场在资源配置中的决定性作用，同时允许政府在必要时进行宏观调控。此外，法律还促进了宏观经济治理的民主化和多元化，通过确保政策制定过程的透明性和包容性，提高了政策的科学性和合理性。法律还有助于管理市场预期，增强市场信心，促进经济稳定增长。在全球化背景下，法律还协调了国内政策与国际规则的关系，有助于防范经济风险，保障经济安全，促进社会公平和谐。宏观经济政策制定中的法律考量包括以下几方面。

（一）政策制定的合法性

宏观经济政策制定的合法性是确保政策有效性和权威性的关键。合法性意味着政策的制定和实施必须遵循法律的规定和程序，这包括政策目标的设定、政策工具的选择以及政策执行的程序等各个方面。以下是对宏观经济政策制定合法性的几个方面的详细阐述：

1. 政策目标的合法性

政策目标的合法性是宏观经济政策制定的基石。政策目标必须与国家的法律框架和宪法原则保持一致，确保政策的正当性和合理性。例如，宪法规定了国家的经济制度和发展方向，那么宏观经济政策的目标就必须遵循这些原则。政策目标如促进经济增长、实现充分就业、稳定物价或保持国际收支平衡等，都需要在

法律允许的范围内设定。[①] 此外，政策目标还应当符合国家的长期发展战略，如可持续发展、社会公平和环境保护等。合法的政策目标能够为政策的制定和实施提供坚实的法律基础，增强政策的权威性和公众的接受度。这要求政策制定者在设定目标时，必须进行充分的法律审查和公众咨询，确保政策目标既符合法律要求，又能够得到社会的广泛支持。

2. 宏观经济政策工具的合法性

政策工具的合法性是确保政策有效性和公众信任的关键。政府在制定和实施宏观经济政策时，必须遵循法律程序和法律授权，确保政策工具的合法性。税收政策、财政支出、货币政策和产业政策等都是政府常用的宏观经济政策工具。[②] 这些工具的使用必须基于法律的授权，不能超越法律赋予的权限。例如，政府提高税收或增加公共支出时，必须依据税法和预算法等相关法律进行。中央银行在实施货币政策时，如调整利率或实施量化宽松等，必须在法律赋予的权限范围内。政府在制定产业政策，如对特定行业的补贴或税收优惠时，也需要法律授权。例如，对高新技术企业、创业投资企业等市场主体的税收优惠，是为了实现特定的政策目的，这些优惠政策的实施必须有法律依据。这有助于确保政策的公平性和有效性，同时避免滥用权力和资源。

3. 政策制定程序的合法性

宏观经济政策的制定和实施必须遵循法定程序，这是确保政策合法性的重要环节。政策程序的合法性涉及到政策从起草到执行的全过程，包括政策的起草、审议、批准、公布和执行等各个阶段。每个阶段都必须按照法律规定的程序进行，确保政策的透明度和公众的参与度。例如，重大的财政政策通常需要经过立法机关的审议和批准，这是为了确保政策的民主性和合法性。政策程序的合法性还要求政府在政策制定过程中，充分考虑各方面的意见和建议，通过公开听证、咨询和讨论等方式，让政策更加科学、合理和公正。遵循法定程序的政策制定过程，有助于提高政策的质量和效果，增强政策的社会认可度。这要求政策制定者在政

---

① 理纯.当代经济解决之道［M］.北京：中国商业出版社，2011：7.

② 郭庆旺；赵志耘.宏观经济稳定政策的理论依据［J］.经济理论与经济管理，2005（3）：5-11.

策制定的每个环节都要保持透明，确保所有利益相关者都有机会参与到政策制定过程中来，从而提高政策的公信力和有效性。

（二）法律与政策的协调性

律框架应与宏观经济政策相协调，确保政策能够在法律允许的范围内灵活调整，同时法律也应为政策的实施提供必要的支持和保障。以下是对法律与政策协调性的详细分析：

1. 法律的稳定性与政策的灵活性

法律的稳定性是法治社会的基石，它为公民和组织提供了一个可靠和可预测的行为规范。这种稳定性有助于维持社会秩序和公正，确保个人和企业在进行决策时有一个清晰的法律环境。然而，社会经济状况是多变的，这就要求政策必须具有足够的灵活性，以适应新的挑战和机遇。政策应当能够快速响应社会需求的变化，通过调整和优化来实现特定的经济或社会目标。法律框架在设计时，应当预见到这种需求，为政策的调整提供必要的空间，同时通过明确的程序和机制来确保政策调整的合法性和合理性。这种设计既保证了法律的连续性和权威性，又允许政策在法律允许的范围内灵活应对，实现法律与政策的和谐统一。

2. 宏观经济政策的法律支持

宏观经济政策是国家管理经济、实现宏观经济目标的重要工具。这些政策包括财政政策、货币政策、工业政策等，它们通过调整税收、政府支出、利率和货币供应量等手段来影响经济活动。为了确保这些政策能够有效实施并达到预期目标，需要有相应的法律支持。法律不仅为政策的制定和执行提供了依据，还确保了政策的合法性和权威性。例如，国家的预算法规定了政府收支的基本规则，税收法则明确了税收的种类、税率和征收程序。此外，法律还为政策的实施提供了必要的资源和权力，如赋予中央银行制定和执行货币政策的权力。通过法律的支持，宏观经济政策能够更加稳定和有效地促进经济增长、控制通货膨胀和实现其他宏观经济目标。

3. 政策制定的法律依据

政策的制定应当基于法律的授权和规定，这是法治原则的基本要求。法律为政策制定提供了框架和指导，确保政策措施不超越法律赋予的权限，不侵犯公民的基本权利，同时也为政策的实施提供了合法性基础。政策制定过程中的公开透明是现代民主社会的必然要求，它有助于增强政策的公众参与度和接受度。通过公开征求意见、举行听证会等方式，可以让更多的利益相关者参与到政策制定过程中来，使政策更加符合社会实际和公众需求。此外，公开透明的政策制定过程还有助于提高政策的可信度和执行力，减少政策实施过程中的阻力和冲突。法律还应当规定政策评估和反馈机制，确保政策实施后能够及时进行效果评估和必要的调整，以实现政策目标和法律意图的一致性。

（三）政策效果的法律评估

1. 合法性评估

合法性评估是政策效果法律评估的基石，其核心目的是确保政策的制定和实施过程遵循法律法规，不违反宪法和法律的基本原则。这一过程涉及到对政策文本的细致分析，包括政策目标、政策措施、执行标准等各个方面，以确保它们与现行法律体系保持一致。合法性审查的具体步骤可以概括为"行政行为定性""梳理法律法规依据""确定审查路径""形成审查意见"四个步骤完成，可简称为合法性审查"四步法"。这个过程确保了政策或决策在提交决策机关讨论前，已经通过了严格的法律审查。合法性评估还需考虑政策是否超越了立法机关的授权范围，是否符合国际条约和国际惯例。此外，评估过程中还需关注政策的透明度和公众参与度，确保政策的制定过程公开、公正，充分听取社会各界意见，以增强政策的合法性和公众的认同感。

2. 公平性评估

公平性评估关注的是政策是否以公正的方式对待所有利益相关者，不偏袒任何一方，也不对任何一方造成不必要的不利影响。这要求评估者从多个角度审视政策，包括政策对不同性别、年龄、种族、社会阶层和地区的影响。公平性评估需要收集和分析大量数据，以确定政策是否导致了某些群体的权益受到侵害，或者是否在资源分配上存在不公。此外，评估还应考虑政策对弱势群体的影响，确保他们的利益得到保护，增强这些群体的自我发展能力，确保他们能够平等地享受社会资源和服务。通过这样的评估，可以促进社会的包容性，增强社会的凝聚力，为构建和谐社会奠定坚实基础。

3. 法律风险评估

法律风险评估旨在识别和分析政策实施过程中可能出现的法律问题和风险，以便提前采取预防措施。[①] 这包括对政策可能引发的诉讼、合规问题、法律责任等方面的预测。评估过程中，需要考虑政策是否可能违反公民的基本权利，是否可能引起宪法争议，以及是否可能与现有法律产生冲突。法律风险评估还需要关注政策实施后可能产生的连锁反应，如对市场秩序、社会稳定和国际关系的影响。通过对潜在法律风险的评估，政策制定者可以更好地规划政策的实施路径，制定相应的风险缓解措施，以降低政策实施的法律成本和风险。

4. 执行过程监督

执行过程监督是确保政策得到有效实施的关键环节。这一过程要求对政策执行的各个环节进行严密监控，包括政策执行的进度、效果，以及是否存在违规行为。执行过程监督需要建立一套有效的监督机制，包括定期的检查、评估和反馈。这不仅涉及到对执行机构的监督，也包括对执行人员的监督，确保他们按照既定的政策目标和标准行事。此外，执行过程监督还应鼓励公众参与，通过公开听证会、社会评议等方式，让公众对政策执行情况进行监督和评价，从而提高政策执行的透明度和公众满意度。通过执行过程监督，可以及时发现和纠正政策实施中的问题，确保政策目标的实现。

（四）政策透明度和公众参与

法律应要求宏观经济政策的制定过程具有透明度，公众能够参与到政策讨论和制定过程中，确保宏观经济政策的制定和实施更加符合公众的利益和期望，增强政策的合法性和有效性，促进社会的和谐与稳定。

1. 宏观经济政策透明度

在宏观经济政策的制定与执行过程中，透明度的提升对于增强公众对政府的信任至关重要。政策的透明度不仅体现在政策目标和预期效果的公开，还应该涵盖政策的决策过程、执行标准和评估结果。政府应当通过官方渠道及时发布相关信息，包括政策的背景、预期目标、实施步骤和可能带来的社会经济影响。此外，

---

① 胡继之．金融衍生产品及其风险管理［M］．北京：中国金融出版社，1997：201.

政府还应提供政策背后的逻辑和证据支持，使公众能够全面理解政策的出发点和预期成果。透明度的提升还意味着政府需要定期对政策执行情况进行评估，并公开评估报告，以便公众可以跟踪政策的实施效果，并在必要时提供反馈。

2. 保障公众参与权利

公众参与宏观经济政策的制定是提高政策质量和公众满意度的有效途径。法律和政策制定者应当确保公众能够在政策制定的各个阶段参与进来，并通过多种渠道收集公众意见。这可以通过举办公开听证会、在线调查、意见征询等多种形式实现。公众的意见和建议应当被认真记录和考虑，并在政策制定过程中发挥实质性作用。[①] 通过这种方式，公众能够感受到自己的声音被听到，从而增强对政策的认同感和支持度。此外，公众参与还有助于宏观经济政策制定者从不同角度审视问题，使政策更加全面和贴近民意。

3. 提升公众参与的有效性

有效的公众参与不仅仅是形式上的，更重要的是确保公众的意见能够得到实质性的反馈和采纳。宏观经济政策制定者应当建立有效的机制，对收集到的公众意见进行认真的分析和回应。这要求政策制定者在政策的实施和评估阶段也允许公众参与，确保政策的调整能够反映公众的需求和期望。定期的政策评估和调整过程应当公开透明，让公众了解政策效果，并根据公众的反馈进行优化。通过这种方式，公众参与不仅能够提高政策的适应性和有效性，还能够促进政策的持续改进和完善。

4. 培养公众参与能力

为了使公众参与更加有效，需要提高公众的宏观经济政策理解能力和参与技能。政府可以通过可以设计和实施专门的教育计划，如公共政策课程、社区研讨会等，以提高公众对政策制定过程的理解。政府可以定期举办公共研讨会，邀请政策专家、学者和公众参与，共同探讨会宏观经济政策议题，提高公众的参与意识和能力。政府可以利用电视、广播、报纸、互联网等多种媒体渠道，宣传宏观经济政策知识，提高公众对政策的关注度和理解度。政府可以教授公众如何有效

---

① 康锋莉；李钰盈.公共政策、共同生产与可行能力［J］.工信财经科技，2023（2）：42-52.

表达自己的意见和需求，包括公共演讲、写作技巧、协商和谈判技巧等。政府可以鼓励公众参与社区服务、志愿活动等，通过实践学习如何参与宏观经济政策制定和执行过程。

5. 建立公众参与的长效机制

公众参与应该是一个持续的过程，而不是一次性的活动。政府应通过立法和制度建设，确保公众参与成为宏观经济政策制定的常规部分。这包括制定信息公开法、公众参与条例等，为公众参与提供明确的法律框架和操作指南。同时，政府还应利用媒体和公共论坛等平台，为公众提供持续参与的机会，确保公众的声音能够被听到并得到重视。

（五）宏观政策调整的法律程序

宏观经济政策的调整需要遵循法定程序，包括政策调整的启动、审议、批准和实施等各个环节，都需要依法进行宏观经济政策与金融监管效果的评估宏观经济政策调整的法律程序是确保政策调整合法性、合理性和效率的关键。以下是对宏观经济政策调整法律程序的详细分析：

1. 政策调整的启动

宏观经济政策调整的启动是一个关键步骤，通常由政府相关部门根据经济形势的变化提出。例如，为了应对经济增长放缓，可能会提出降低存款准备金率或政策利率的措施。政策调整的启动需要遵循一定的程序，包括对经济数据的分析、政策效果的预测和风险评估等。这些程序确保政策调整是基于充分的信息和科学的分析。在实践中，这可能涉及到对当前经济指标的详细审查，如 GDP 增长率、失业率、通货膨胀率等，以及这些指标的未来趋势预测。

2. 审议

政策草案需提交给立法机关或相关部门进行审议。审议过程中，需要对政策草案的必要性、合理性、可行性等进行全面评估。例如，降低存款准备金率的提议需要经过专家评估、征求公众意见，并在相关部门内部进行充分的讨论和分析。这个过程有助于确保政策草案在成为法律或法规之前，已经得到了各方面的审查和完善。

3. 批准

审议通过后，政策草案需提交给有权机关进行批准。批准过程包括对政策草案的最终审查和投票决定。例如，中国人民银行降低存款准备金率的决定需要经过内部审议和批准流程，以确保政策的合法性和有效性。这一步骤是确保政策调整得到正式授权和执行的关键环节。在批准过程中，需要对政策草案进行最终审查，包括草案的合规性、合理性以及预期的经济影响等。此外，还需要通过投票来决定政策草案是否能够成为正式政策。

4. 实施

政策批准后，需要制定具体的执行方案，并明确执行机构和执行程序。政策实施过程中，应定期进行监督和评估，确保政策执行的效果与预期目标一致。例如，降低存款准备金率后，相关部门需要监测市场流动性的变化，评估政策对经济增长的实际影响，并根据评估结果进行必要的调整。有效的实施和监督是确保政策调整达到预期效果的重要保障。

二、宏观经济政策与金融监管效果的评估

（一）政策目标与效果的一致性评估

宏观政策目标的设定目标应与国家治理目标相协调，专注于经济稳定和金融稳定。评估政策是否达到了预期的经济增速、就业水平、价格稳定等目标，以及是否守住了不发生系统性金融风险的底线。

政策目标与效果的一致性评估是确保宏观经济政策有效性的关键环节。这项评估主要关注以下几个方面：

1. 经济增速

评估政策是否达到了预期的经济增速。在评估中国政策是否达到预期的经济增速时，我们可以参考最新的经济数据（见图 5-1）。2024 年上半年，中国国内生产总值（GDP）同比增长 5.0%，其中二季度增长 4.7%。这一增长率在全球范围内仍保持领先地位，显示出中国经济的韧性和潜力。尽管国际环境复杂严峻，但中国经济的基本面依然稳健，长期向好的态势没有改变。政策层面上，中国政府实施了一系列宏观调控措施，包括积极的财政政策和稳健的货币政策，

以及推动大规模设备更新和消费品以旧换新等行动方案，这些政策的效应正在逐步显现，为经济增长提供了有力支撑。同时，国家发展改革委强调，将继续加大宏观政策实施力度，推动经济平稳运行。此外，中国政府还注重扩大内需和促进消费，通过优化促进消费体制机制，统筹协调各部门、各地方落实落细促消费政策措施，推动消费从疫后恢复转向持续扩大。这些措施有助于进一步激发市场活力，增强经济发展的内生动力。

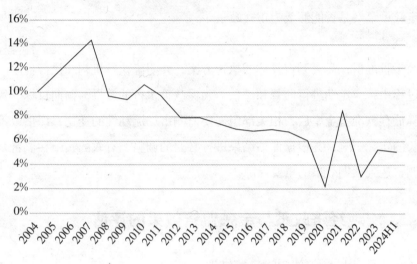

图 5-1　近 20 年中国 GDP 增速走势

2. 就业水平

政策是否达到了预期的就业水平也是评估的重点。[①]在评估政策效果时，可以从以下四个方面进行考量。

（1）就业机会的充分性：政策是否为劳动者提供了足够的就业机会，以及这些机会是否能够满足不同群体的需求。就业环境的公平性，政策是否消除了就业歧视，为所有劳动者提供了平等的就业机会。

（2）就业结构的优化：政策是否有助于优化就业结构，促进了劳动力向更有生产效率的部门流动。人岗匹配的高效性，政策是否提高了人岗匹配的效率，减少了结构性失业。

（3）劳动关系的和谐性：政策是否有助于构建和谐的劳动关系，保障了劳

①　王宏婕.我国就业政策思考［J］.合作经济与科技，202（9）：90-91

动者的合法权益。就业公共服务体系的完善性，政策是否推动了就业公共服务体系的完善，提高了服务的覆盖面和效率。

（4）劳动者就业权益的保障水平：政策是否有效维护了劳动者的就业权益，包括合理的劳动报酬、良好的工作环境和社会保障等。

通过这些维度的评估，可以全面了解政策是否达到了预期的就业水平，以及在哪些方面还有待改进。同时，也需要关注政策实施过程中可能出现的新问题和挑战，及时调整和完善政策措施，以确保就业目标的实现。

3. 价格稳定

评估政策是否能够维持价格稳定，需要从多个维度进行考量。

首先，政策目标设定的合理性是基础，例如中国政府设定的 CPI 涨幅目标值，以及对能源和食品价格的调控目标。

其次，政策的整体效果是关键，包括物价水平的稳定性和对外部冲击的抵御能力。2022 年，中国的 CPI 同比上涨 2.0%，实现了年度调控目标，显示出物价运行的总体平稳。

政策力度的评价也是一个重要方面，包括货币政策和财政政策的实施力度。政策传导效率和协调性也不容忽视。中国人民银行在货币政策执行中注重平衡，合理把握信贷与债券的关系，引导信贷合理增长，保持流动性合理充裕，并把维护价格稳定、推动价格温和回升作为重要考量。

此外，政策的空间和灵活性也是评价政策能否维持价格稳定的因素之一。政策空间包括政策制定者在面对不同经济情况时的调整能力，而灵活性则体现在政策能够及时响应市场变化。

最后，预期管理是维持价格稳定的重要手段。通过加强政策信息发布，及时释放调控信号，加强期现货市场联动监管，遏制过度投机炒作，可以有效稳定市场预期。

4. 金融稳定

评估政策是否能够维持金融稳定，可从以下四个关键维度进行考量：

（1）政策响应与市场流动性：政策是否能够迅速响应市场变化，并提供必要的流动性支持。例如，中国人民银行近期将下调存款准备金率 0.5 个百分点，向金融市场提供长期流动性约 1 万亿元。

（2）风险管理与监管：政策是否有能力识别并管理金融系统中的潜在风险，以及是否有有效的监管框架来执行这些政策。例如，中国人民银行强调要强化预期引导，防范汇率超调风险，保持人民币汇率在合理均衡水平上的基本稳定。

（3）金融工具创新：政策是否鼓励和支持金融市场工具的创新，以提高金融系统的稳定性和效率。例如，中国人民银行创设了证券、基金、保险公司互换便利，支持符合条件的机构通过资产质押从中央银行获取流动性。

（4）宏观经济指标：政策是否考虑了宏观经济指标，如 GDP 增长率、通货膨胀率和失业率等，这些指标可以反映经济的总体健康状况。例如，中国人民银行表示，社会融资规模存量同比增长 8.2%，人民币贷款余额同比增长 8.7%，高于名义 GDP 增速约 4 个百分点。

（二）宏观经济政策工具的适宜性与创新性评估

1. 宏观经济政策工具的适宜性

分析货币政策和财政政策等工具的力度是否适当，是否能够适应经济形势的变化，并有效应对需求收缩、供给冲击和预期转弱等压力。

评估货币政策和财政政策等工具的力度是否适当，可以从以下四个方面进行分析：

（1）政策的适应性和灵活性：政策是否能够适应经济形势的变化，并具有足够的灵活性来应对需求收缩、供给冲击和预期转弱等压力。例如，中国人民银行在 2024 年 2 月 5 日将金融机构平均存款准备金率下调至 7.0%，释放长期资金约 1 万亿元，显示了货币政策的灵活性和适度宽松的立场。

（2）政策的力度和效果：政策的力度是否足够，以及是否能够有效地达到预期目标。例如，2024 年 1 月 25 日，中国人民银行分别下调支农再贷款、支小再贷款和再贴现利率各 0.25 个百分点，以支持实体经济。

（3）政策的协同性：财政政策和货币政策是否能够协同工作，形成合力。例如，财政部门和货币政策部门需要加强协调，共同推动经济回升向好。

（4）政策的可持续性：政策是否具有长期可持续性，不会对经济造成过度的负担。例如，财政政策在保持适当支出强度的同时，也需要考虑财政的可持续性，合理安排政府投资规模。

通过这些维度的考量，可以更全面地评估货币政策和财政政策对经济稳定和增长的可能影响，并做出相应的调整和优化。

2. 宏观经济政策工具的创新性评估

考察宏观经济政策工具是否具有创新性，如宏观审慎监管工具的运用，包括资本充足率、杠杆率和流动性要求等。

在考察宏观经济政策工具是否具有创新性时，我们主要关注以下几个方面：

（1）政策工具的多样性与针对性：现代宏观经济政策工具箱是否包含多样化的工具，以应对不同来源和特性的金融风险。例如，中国人民银行发布的《宏观审慎政策指引（试行）》明确了九大宏观审慎政策工具，包括资本管理工具、流动性管理工具等，旨在防范系统性金融风险。

（2）创新性监管工具的应用：监管机构是否引入新的或改进现有的政策工具，以更有效地应对金融系统的复杂性和不断变化的风险状况。例如，中国实施的宏观审慎评估体系（MPA）框架，通过引入逆周期资本缓冲等工具，增强了金融体系的稳健性。

（3）技术应用与数据分析：政策工具是否结合了现代科技，如大数据分析、人工智能等，以提高政策制定和执行的效率和精确度。中国央行在宏观审慎管理中强调了运用现代信息技术手段，如大数据和人工智能，以提升政策工具的有效性。

（4）政策的适应性和动态调整能力：政策工具是否具有足够的灵活性，能够根据经济金融环境的变化进行动态调整。[①]中国央行强调了宏观审慎政策工具的动态调整机制，确保政策能够及时响应系统性金融风险的变化。

通过这些方面的考量，可以评估宏观经济政策工具的创新性，并确保其能够有效地维护金融稳定，同时促进经济的健康发展。

（三）宏观经济政策传导效率与市场反应评估

1. 评价宏观政策传导机制的效率

评价宏观政策传导机制的效率，包括货币政策的利率传导效率和财政政策的

---

① ［美］林捷瑞恩（Lindgren, C.J.）等著，潘康等译.银行稳健经营与宏观经济政策[M].北京：中国金融出版社，1997：171-172.

支出传导效率。评价宏观经济政策传导机制的效率时，可以从以下四个方面进行考量：

（1）政策的响应速度：政策响应速度是评价其效率的重要指标。在面对需求收缩、供给冲击和预期转弱等压力时，政策的快速响应有助于缓解经济下行压力。例如，中国人民银行在 2024 年 2 月 5 日将金融机构平均存款准备金率下调至 7.0%，释放长期资金约 1 万亿元，显示了货币政策的灵活性和适度宽松的立场。

（2）政策的传导渠道：评估政策通过哪些渠道传导至实体经济，如利率渠道、信贷渠道、资产价格渠道和汇率渠道。在中国，信贷渠道的传导效率尤为关键。近年来，中国人民银行通过定向降准、再贷款等措施，引导金融机构加大对实体经济特别是小微企业和"三农"领域的支持力度，有效提高了信贷渠道的传导效率。同时，随着利率市场化改革的推进，利率渠道的传导效率也在逐步提升。然而，仍需关注金融市场的深度和广度，以及金融产品的完善程度，这些都是影响货币政策传导效率的重要因素。

（3）政策的预期管理：评估政策制定者如何通过沟通和引导来管理公众预期，以及这些措施是否有效。良好的预期管理能够提高政策的前瞻性指引效果，增强市场信心。中国特色预期管理广泛应用于整个宏观经济治理体系之中，包括货币政策的短期预期管理、中央通过年末召开的中央经济工作会议与年初政府工作报告实施的年度预期管理、中央通过定期制定经济发展五年规划与远景目标所实施的长期预期管理。

2. 分析宏观经济政策的反应

分析宏观经济政策的反应，包括金融市场的稳定性、信贷资源的配置效率以及对实体经济的支持效果。分析宏观经济政策对市场反应评估，可以从以下四个方面进行考量：

（1）政策的透明度和市场沟通：政策制定者是否提供了清晰的政策指引和透明的沟通机制，这直接影响市场对政策的理解和预期。有效的沟通有助于减少市场不确定性，增强市场信心，从而正面影响市场反应。

（2）政策的及时性和适应性：在经济面临需求收缩、供给冲击和预期转弱等压力时，政策的及时调整对于缓解市场压力至关重要。例如，中国人民银行在 2024 年 9 月 27 日宣布下调金融机构存款准备金率 0.5 个百分点，并下调中央银行政策利率，这种迅速的政策响应有助于提振市场信心。

（3）政策的协调性：评估政策之间是否相互协调和补充，包括财政政策、货币政策、产业政策等。政策的协调性能够形成合力，更有效地影响市场预期和经济活动。例如，中国政府在2024年提出了一系列财政和货币政策，旨在共同促进经济增长和市场稳定。

（4）市场的反应和预期：观察市场对政策的反应，包括股市、债市和汇率市场的变化。市场的积极反应表明政策得到了市场的认可，而市场预期的改善则有助于经济的进一步复苏。例如，在2024年9月，中国股市在一系列政策的推动下出现了显著上涨，显示出市场对政策的积极反应。

（四）宏观经济政策协调性与风险管理评估

1. 考察不同宏观经济政策之间的协调性

考察不同宏观经济政策之间的协调性，如货币政策、财政政策与宏观审慎政策之间的配合，以及在促进经济增长与防范金融风险之间的平衡。

宏观经济政策的协调性是确保经济稳定增长的关键因素之一。货币政策、财政政策和宏观审慎政策是三大主要的宏观经济工具，它们之间需要相互配合，以达到最佳的经济效果。货币政策主要通过调整利率、货币供应量等手段来影响经济。在经济衰退时，中央银行可能会降低利率，增加货币供应量来刺激经济增长；在经济过热时，则可能提高利率，减少货币供应量来抑制通货膨胀。财政政策是政府通过税收和支出来影响经济。在经济低迷时期，政府可能会减少税收、增加公共支出来刺激需求；在经济过热时，则可能增加税收、减少支出来抑制需求。宏观审慎政策旨在增强金融系统的稳定性，防范系统性风险。这包括对金融机构的资本要求、流动性要求、杠杆率限制等。

考察不同宏观经济政策之间的协调性包括：

第一，不同宏观经济政策之间的关联性。目标一致性：所有政策都应该服务于经济增长和金融稳定这两个主要目标。时间同步：政策的实施需要考虑时间效应，避免政策效果相互抵消。力度匹配：不同政策的力度需要相互匹配，避免过度刺激或抑制经济。

第二，政策在促进经济增长与防范金融风险的平衡.逆周期调节：在经济周期的不同阶段，政策需要进行逆周期调节，以平衡增长与风险。

第三，结构性改革：除了短期的宏观经济政策，还需要通过结构性改革来提高经济的潜在增长率和金融系统的韧性。

第四，风险预警机制：建立有效的金融风险预警机制，及时发现并处理潜在的风险点。

总之，宏观经济政策的协调性要求政策制定者在制定政策时，不仅要考虑短期的经济目标，还要考虑长期的金融稳定。通过有效的沟通、协调和实施，可以在促进经济增长的同时，有效防范金融风险。

2. 宏观经济政策的风险管理评估

评估宏观经济政策在管理金融风险、维护金融市场秩序方面的效果，包括对系统性金融风险的防控和对金融机构行为的引导。宏观经济政策在管理金融风险和维护金融市场秩序方面的效果可以从以下四个方面进行评估：

（1）系统性金融风险的防控。通过制定和实施一系列宏观审慎政策，有效地防控了系统性金融风险。例如，通过差别准备金动态调整机制和宏观审慎评估机制（MPA），引导货币信贷平稳适度投放，促进了金融稳定。同时，对高风险企业集团和金融机构进行"精准拆弹"，阻断了风险的跨机构、跨市场蔓延，维护了金融稳定安全发展大局。

（2）金融机构行为的引导：监管部门强化对金融机构行为的引导和监管，特别是对大型商业银行的稳健经营。通过提升资本约束下的高质量发展能力，强化了金融机构服务实体经济的能力。此外，推动金融机构提升服务质量，引导更多资金流向实体经济，特别是科技创新领域。

（3）金融市场秩序的维护：通过全面清理整顿金融秩序，互联网金融风险专项整治工作顺利完成，P2P网贷机构已经全部停业，有效遏制了金融市场的无序扩张和野蛮生长势头。同时，严厉打击非法金融活动，维护了金融市场秩序。

（4）金融与实体经济的协调发展：宏观经济政策注重金融与实体经济的协调发展，通过优化融资结构，完善机构定位，推动金融资源真正集聚到高质量发展的战略方向、重点领域和薄弱环节上来。通过服务实体经济，防控风险，形成经济金融良性循环。

第二节 金融市场的稳定与危机管理

一、金融市场稳定的监管策略

（一）加强国家对金融工作的领导

加强国家对金融工作的领导，确保金融政策与国家发展大局保持一致，同时提高金融监管的适应性和有效性，确保金融政策与国家发展大局保持一致，同时引导金融机构行为，促进金融市场的稳定和经济的高质量发展。

1. 国家对金融工作的领导

国家对金融工作的领导体现在通过宏观政策的制定与实施，确保金融政策与国家发展战略保持一致，以支持经济的稳定增长。[①] 例如，通过降低存款准备金率和政策利率，释放长期流动性，为市场注入资金，促进经济活动。此外，优化"无还本续贷"政策，将其阶段性扩大到中型企业，这有助于缓解企业的资金压力，支持实体经济的发展。这些措施的实施，不仅体现了国家对金融工作的领导，也展示了金融政策在支持国家发展大局中的重要作用。通过这些政策的调整，可以更有效地引导金融资源流向实体经济，特别是小微企业和中型企业，这些企业是国家经济发展的重要力量。同时，这些政策也有助于提高金融服务的效率和质量，促进金融市场的稳定和经济的高质量发展。

2. 金融监管的适应性

金融监管体系的强化是确保金融市场稳定和经济高质量发展的关键。为了应对金融市场的发展水平、结构变化和风险变迁，监管机构必须不断地进行动态调

---

① 汪仕凯.政治大一统的创造性转化：对中国共产党领导现代国家建构的解释 [J]. 社会科学，2023（5）：88-101.

整，提高其适应性。

监管者需要具备深刻的自省意识，不断地对现有监管框架和措施进行审视和改良，以适应金融创新的步伐。监管机构必须敢于采取行动，不仅仅是通过风险提示或道义劝说来实施监管，而是要在必要时采取果断措施。这要求监管者具备强烈的使命感和勇气，能够在危机关键时刻做出独立判断，而不是被市场意志所左右。

此外，监管体系应该根据金融体系的发展水平、结构变化和风险变迁进行动态调整。监管机构要有效捕捉风险并与时俱进地配置监管资源，使监管能力建设与金融创新相适应。这包括对股东、关联交易和复杂产品的穿透式监管，以及完善风险源头防控、预警纠正、事后处置等机制。还要通过运用压力测试等手段，打造现代化的监管队伍，提高监管的专业性。

3. 金融监管的有效性

有效的金融监管是防控金融风险的关键。监管机构通过严格执法，敢于亮剑，深入整治金融市场乱象，确保金融市场秩序。在金融监管体系中，"监审联动、行刑衔接、纪法贯通"是一种重要的监管手段，其目的是通过加强不同监管部门之间的合作和信息共享，提高对违法违规行为的查处力度和效率。监审联动指的是监管部门与审计部门的协作，通过审计发现问题，监管部门跟进处理。行刑衔接则是指监管部门与司法机关的衔接，确保监管执法与刑事司法的有效对接，使得违法违规行为能够得到法律的制裁。纪法贯通则涉及到纪律检查与法律实施的结合，强化了对公职人员的监督和对违法行为的惩处。

通过这种方式，监管机构能够有效地打击金融市场中的违法违规行为，提高违法成本，从而起到震慑和预防的作用。这不仅有助于维护金融市场秩序，还保护了金融消费者的权益，促进了金融市场的稳定和健康发展。

（二）引导金融机构行为

引导金融机构行为是确保金融资源有效服务于实体经济的重要环节。国家通过一系列政策引导和激励措施，鼓励金融机构更好地服务实体经济，特别是小微企业和创新企业。这包括推动金融机构优化结构、提高服务质量和效率，以及引导资产管理、非银行金融机构等坚守定位、实现差异化发展。

（1）政策引导金融机构优化结构，提升服务质量和效率，是推动金融行业健康发展的重要手段。首先，政策可以为金融机构提供明确的发展指导，鼓励它们加强内部管理，提高风险控制能力，减少不良贷款比例。[①]同时，政策鼓励金融机构利用现代科技，比如大数据、云计算和人工智能等，提升服务的自动化和智能化水平。其次，政策还应鼓励金融机构创新金融产品和服务，满足不同客户群体的需求，尤其是在支持小微企业和个体户方面，通过提供更加灵活和低成本的金融服务，帮助这些经济主体解决融资难、融资贵的问题。此外，政策还应当引导金融机构优化资产配置，提高资本运作效率，通过资产证券化等方式提高资金流动性，降低金融风险。

（2）政策鼓励金融机构支持小微企业和创新企业。

政策鼓励金融机构支持小微企业和创新企业，旨在促进这些企业的成长与发展，从而推动经济的稳定增长和高质量发展。具体措施包括：

①优化贷款服务模式，合理设置贷款期限，丰富还款结息方式，扩大信贷资金覆盖面，持续开发续贷产品，完善续贷产品功能，并建立健全相关管理机制。

②加大续贷支持力度，对贷款到期后仍有融资需求且临时存在资金困难的债务人，在贷款到期前经其主动申请，银行业金融机构可以提前开展贷款调查和评审，经审核合格后办理续贷。

③合理确定续期贷款风险分类，按照金融资产风险分类的原则和标准，考虑借款人的履约能力、担保等因素，确定续期贷款的风险分类。

④加强续期贷款风险管理，制定续贷管理制度，建立业务操作流程，明确客户准入和业务授权标准，合理设计和完善借款合同与担保合同等配套文件。

⑤完善尽职免责机制，建立健全贷款尽职免责机制，完善内部制度，规范工作流程，并将不良容忍与绩效考核、尽职免责有机结合，切实为信贷人员松绑减负，有效保护信贷人员的积极性，真正实现"应免尽免"。

⑥提升融资服务水平，加大小微金融投入，提升融资对接力度，切实增强小微企业金融服务获得感。根据小微企业客户的实际需求，改进业务流程，积极提

---

①　崔庆军；王群伟.我国商业银行不良贷款的降低潜力研究［J］.技术经济与管理研究，2012（7）：103-106.

升金融服务水平，推动小微企业高质量发展。

⑦阶段性拓展适用对象，对 2027 年 9 月 30 日前到期的中型企业流动资金贷款，银行业金融机构可以根据自身风险管控水平和信贷管理制度，比照小微企业续贷相关要求提供续贷支持。

⑧推动惠企创新政策扎实落地，推动研发费用加计扣除、高新技术企业税收优惠、科技创业孵化载体税收优惠、技术交易税收优惠等普惠性政策"应享尽享"，加快落实和推广中关村新一轮先行先试改革措施，进一步放大支持企业创新的政策效应。

⑨建立企业常态化参与国家科技创新决策的机制，建立企业家科技创新咨询座谈会议制度，定期组织沟通交流，开展问计咨询。构建企业创新高端智库网络，引导支持企业提升科技创新战略规划能力。

⑩引导企业加强关键核心技术攻关，制定国家鼓励企业研发的重点领域指导目录，引导企业围绕国家需求开展技术创新。国家科技计划中产业应用目标明确的项目，鼓励企业牵头组织实施，探索政府和社会资本合作开展关键核心技术攻关。

这些措施共同构成了一个系统的支持政策，将为小微企业和创新企业的发展注入新的动力，帮助它们在竞争激烈的市场中站稳脚跟。

（3）政策引导金融机构坚守定位、实现差异化发展。这意味着金融机构需要根据自身的优势和市场定位，提供特色服务，满足不同客户群体的需求。例如，推动保险公司回归保障本源，突出保障功能，引导资管、非银等机构坚守定位。

（三）完善现代金融监管体系，构建风险应对长效机制

完善现代金融监管体系，构建风险应对长效机制。这包括建立健全金融监管框架，明确监管责任，以及提高监管的透明度和可预见性。

完善现代金融监管体系，构建风险应对长效机制，是确保金融市场稳定和经济高质量发展的关键。这涉及到建立健全金融监管框架，明确监管责任，以及提高监管的透明度和可预见性。例如，中国金融监管体系重塑，组建国家金融监督管理总局，统一负责除证券业之外的金融业监管，强化机构监管、行为监管、功能监管、穿透式监管、持续监管，统筹负责金融消费者权益保护，加强风险管理和防范处置，依法查处违法违规行为。

首先，监管框架的建立和完善是金融监管体系的基石。监管框架应当覆盖所有的金融机构、产品和市场，确保金融市场的每个角落都能得到适当的监管。通过制定和执行明确的规则和标准，监管机构能够有效地监测和控制金融风险，从而保护消费者权益和维护金融市场的公平性和透明度。

其次，明确监管责任是金融监管体系中的一个关键环节，它要求监管机构不仅要在日常监管中发挥作用，还要在金融危机等紧急情况下能够迅速有效地采取行动。这包括对金融机构的持续监管、风险评估，以及在必要时进行干预以保护金融系统的稳定。监管机构需要对市场准入、非现场监管、现场检查、股权穿透、消费者保护等方面负起全面责任，确保金融活动的各个环节都在监管范围之内。同时，监管机构还需要加强跨部门和跨地区的监管协同，形成统一高效的监管网络，以应对金融市场的复杂性和多变性。

此外，提高监管的透明度和可预见性对于增强市场参与者的信心至关重要。透明度可以通过确保监管决策过程的公开性、监管信息的及时披露以及监管规则的清晰易懂来实现。[①] 可预见性则要求监管政策和行动具有一致性和稳定性，以便市场参与者能够合理预期监管变化，并据此做出决策。

最后，监管机构还需要之间的合作和协调，包括跨国监管合作，以应对金融风险的跨境传播。通过共享信息、协调监管措施和政策，可以更有效地应对全球性的金融风险。国务院办公厅印发了《加强信用信息共享应用促进中小微企业融资实施方案》，旨在通过加强信用信息共享整合，助力银行等金融机构提升服务中小微企业能力。在跨境监管合作方面，跨境金融监管合作包括双边和多边两种途径。双边途径主要通过谅解备忘录、监管对话和技术援助等方式开展。多边途径则根据参与主体及合作方式的不同，可以进一步划分为国际组织模式、非正式国家集团模式和跨政府网络模式。通过这些合作方式，监管机构能够共同识别和防范金融风险，提高金融体系的稳健性和韧性。

（四）跳出金融看风险

以高质量发展作为风险应对的基本逻辑。这意味着监管不仅要关注金融领域

---

① 郭树清.提高金融监管透明度和法治化水平［J］.中国总会计师，2020（12）：8.

内部的风险，还要关注金融与实体经济、社会稳定等方面的相互作用。

1. 金融与实体经济的互动

金融系统与实体经济是相互依存的。金融市场的稳定直接影响实体经济的融资成本和投资决策。监管机构在制定金融政策时，应充分考虑这些政策对实体经济的影响，确保金融资源能够高效、精准地流向实体经济的关键领域。

首先，监管机构可以通过优化信贷结构来支持实体经济。例如，通过提供优惠利率贷款、延长贷款期限、减免部分费用等措施，降低中小企业的融资成本，激发市场活力。同时，监管机构还可以推动金融机构加大对科技创新、绿色发展、先进制造业等领域的信贷支持，促进经济结构的转型升级。

其次，发展多层次资本市场也是监管机构关注的重点。通过完善主板、创业板、科创板等不同层次的资本市场，为不同规模和阶段的企业提供融资渠道。此外，监管机构还可以推动债券市场、股权市场的发展，拓宽企业的直接融资渠道，降低对银行贷款的依赖。

再次，监管机构需要关注金融政策对实体经济的长期影响。例如，通过实施宏观审慎政策，防止资产泡沫的形成，维护金融市场的稳定。同时，监管机构还应加强对金融创新活动的监管，确保金融创新服务于实体经济的发展，而不是自我循环和投机。

2. 金融风险与社会稳定的关联

金融风险的管理和控制对于维护社会稳定至关重要。监管机构、金融机构和公众都需要共同努力，以确保金融系统的稳健运行，从而促进经济和社会的长期稳定发展。

金融风险与社会稳定之间存在着密切的联系。金融系统作为现代经济的核心，其稳定性直接关系到整个社会的经济健康和安全。当金融风险积累到一定程度并爆发时，可能会导致信贷紧缩、资产价格暴跌、企业破产等一系列连锁反应，进而影响到就业市场和社会福利。金融危机通常会导致失业率的上升，因为企业在财务压力下可能会裁员或减少招聘。失业不仅减少了家庭收入，还可能导致社会不满和紧张情绪的增加。

为了维护社会稳定，监管机构需要采取宏观审慎政策和微观审慎监管措施。宏观审慎政策是金融监管当局为了防范系统性金融风险而采取的一系列措施，旨在增强金融系统的稳定性和抗风险能力。[①] 这些政策通过多种工具实施，包括资本要求、流动性覆盖率、杠杆率限制等，以确保金融机构在面对市场波动时能够保持稳定。资本要求是通过提高金融机构的资本充足率，使其在面临潜在损失时有更强的抵御能力。流动性覆盖率它要求金融机构保持足够的高流动性资产，以应对短期内可能出现的资金流出。这些措施有助于减少金融机构在金融危机期间可能出现的挤兑现象。

微观审慎监管侧重于监管单个金融机构的行为，以确保它们遵守风险管理规定，保障金融机构的稳健运营。[②] 这包括对金融机构的资本充足性、资产质量、管理能力、盈利能力、流动性和市场风险等方面的监管，以确保每个机构都能够承受潜在的金融冲击。资本充足性是指监管机构要求金融机构维持一定水平的资本，以吸收潜在的损失，保护存款人和其他债权人的利益。资产质量：监管机构会对金融机构的贷款和投资进行监控，确保资产质量符合标准，及时识别和处理不良资产。管理能力是指金融机构的管理层需要具备足够的经验和能力来管理风险，监管机构会对管理层的资质和行为进行审查。盈利能是指监管机构会评估金融机构的盈利模式和盈利能力，确保其长期可持续经营。流动性是指金融机构必须保持足够的流动性，以满足客户提款的需求和应对市场波动。市场风险是指金融机构面临的市场风险，包括利率、汇率和商品价格的波动，都需要在监管框架下进行管理。

二、应对金融危机的法律措施

（一）加强应对金融危机的法律措施

为了有效应对金融危机，加强法律制度的建设是关键措施之一。这不仅涉及到金融监管体系的完善，还包括立法、执法、司法等多个方面的协调与合作。

首先，在应对金融危机的过程中，立法机关需要迅速响应，制定或修改相关法律，以稳定经济秩序和防范金融风险。这包括对投资、贸易、金融、证券

---

① 游宇；刘芳正；黄宗晔.宏观审慎政策与经济增长［J］.经济学动态，2022（9）：51-70.

② 张晓燕，党莹莹，武竞伟.宏观审慎政策与微观审慎监管的协同性研究［J］.宏观经济研究 2022 （4）23-39.

等领域的法律进行修订和完善。立法机关应加强金融监管法律制度的建设，提升对金融活动的监管力度，确保金融市场的稳定运行。例如，可以通过制定或修订《证券法》《银行法》等，加强对金融机构的监管，提高金融市场的透明度和公平性。其次，立法机关需要完善投资法律，保护投资者的合法权益，同时也要防范外部投资对国内市场可能带来的风险。《中华人民共和国外商投资法实施条例》就是一个例子，它鼓励和促进外商投资，保护外商投资合法权益，规范外商投资管理，持续优化外商投资环境，推进更高水平对外开放。在贸易领域，立法机关应当制定或修订相关法律，以应对贸易保护主义的挑战，保护国内产业，同时促进国际贸易的健康发展。这可能包括对关税、进出口许可、贸易补贴等方面进行规定。

其次，加强法治应对措施，意味着在金融监管中要依法行政、依法办事。这不仅有助于提高应对金融危机的效率和速度，而且还能确保政策的透明度和公正性。在困难时期，更要坚持法治原则，包括法制统一、科学民主决策、公开透明、适当性和权力监督等。此外，积极行政和能动执法也是关键。在金融危机期间，政府需要更加积极主动地采取行动，如简化审批程序、缩短审批期限、减少审批事项。在金融危机期间，除了简化审批程序，政府还可以采取以下措施来稳定经济：实施积极的财政政策，包括增加公共支出和减税，以刺激经济活动和提高消费者及企业的购买力。通过中央银行降低存款准备金率和政策利率，释放流动性，降低企业和消费者的融资成本，促进投资和消费。推动中长期资金入市，促进资本市场稳定发展，提高直接融资比重，降低企业融资成本。支持重点领域和薄弱环节，如提供贷款担保和财政贴息，支持中小企业和创新科技企业。采取措施促进就业，如提供职业培训、就业补贴和创业支持，以减少失业率和提高居民收入。加大对基础设施建设的投资，创造就业机会，同时提高公共服务和基础设施水平。通过金融监管总局和证监会等部门推动金融支持政策，如优化无还本续贷政策，支持上市公司和主要股东回购和增持股票。推动金融创新，支持金融科技发展，提高金融服务效率和覆盖面。

在应对金融危机的过程中，司法机关应当发挥其职能，支持和督促行政机关依法行政，同时在处理经济案件时谨慎使用强制性司法手段，以保护企业的合法权益和促进其健康发展。通过这种方式，司法机关不仅能够维护法律的严肃性，还能够助力经济的平稳增长，实现法律严格实施与经济发展的和谐统一。[①] 具体来说，司法机关强化法律监督：确保行政机关的决策和行为符合法律规定，防止滥用行政权力，保护企业和公民的合法权益。司法机关可以通过法律咨询、法律援助等服务，帮助企业解决法律问题，提高企业的法律意识和风险防范能力。司法机关通过公正、高效的司法审判，为企业创造一个公平竞争的市场环境，促进经济的健康发展。在处理经济纠纷时，司法机关应当充分考虑经济发展的大局，力求实现法律效果与社会效果的统一。司法机关通过公开审判、发布典型案例等方式，提高公众的法治意识，营造尊法学法守法用法的良好氛围。

（二）完善风险依法处置机制

完善风险依法处置机制是确保金融稳定的重要环节，它涉及建立健全的风险评估和预警系统，以及有效的风险处理流程，包括设立国家金融稳定保障基金。

1. 风险评估和预警系统的法治化

金融机构需要建立一个全面的风险评估框架，这包括市场风险、信用风险、流动性风险等多个维度。金融机构的风险评估框架还应包括操作风险、法律风险、声誉风险等其他类型的风险，并确保风险管理策略、风险偏好和风险限额的制定和执行。通过全面的风险管理，金融机构能够更好地识别潜在风险，采取适当的风险缓解措施，从而保护资产安全，维护金融系统的稳定。通过收集和处理大量的市场数据和经济数据，金融机构可以选择适当的风险指标来衡量风险水平，并建立相关的数学模型和算法来计算和预测这些风险指标。[②] 此外，风险预警系统可以为风险识别、风险分析、风险监控等提供强有力的手段，在整个风险管理体系中具有极其重要的地位。

2. 风险处理流程的法治化完善

有效的风险处理流程应当包括风险的早期识别、预警、干预和处置。金融系统性风险具有复杂性和传播迅速的特点，金融机构必须构建一个快速反应机制来应对预警系统的信号。此机制应确保在风险发生初期即做出响应，通过及时的风

---

① 汪火良；吕静.政法机关服务法治化营商环境的路径优化研究[J].湖北警官学院学报，2023（2）：36-49.

② 胡江红.论金融风险监管中的数学模型方法［J］.金融电子化，2000（2）：39-41.

险评估和决策制定，采取有效措施防止风险扩散。这要求金融机构建立健全的风险监测系统，实时更新流动性预测，评估投资组合中的潜在风险，并确保资产估值的准确性。同时，风险管理团队应制定紧急行动计划，如加强流动性管理、进行压力测试和审查风险限额等，以确保在危机时能够迅速采取行动。通过这样的机制，金融机构能够在危机发生时保持稳定，保护客户利益，并维护整个金融系统的安全。

3. 国家金融稳定保障基金的设立

国家金融稳定保障基金的设立是中国为应对潜在系统性金融风险所采取的重要措施。该基金的建立旨在补充现有的金融安全网，增强金融系统的整体稳定性和抵御风险的能力。[①] 金融稳定保障基金的设立也意味着中国在金融风险管理方面更加注重预防和早期干预，力求在风险积累到不可收拾之前就进行有效的控制和化解。基金的运作将遵循市场化和法治化原则，确保资源的有效配置和风险的合理分担。2022 年《政府工作报告》首次提出设立该基金，标志着中国金融风险防控机制的进一步完善。基金的首批资金 646 亿元人民币已经筹集到位。同时，金融稳定保障基金的建立还将与现有的存款保险制度、保险保障基金和信托业保障基金等形成互补，共同构筑起更加全面和牢固的金融安全网。这些措施的完善，将有助于提升中国金融系统的稳健性，增强抵御外部冲击的能力，确保国家金融安全和经济的平稳健康发展。

（三）强化股东、金融机构和监管部门的责任

强化股东和金融机构的责任就是要确保金融机构的主要股东、实际控制人承担起风险管理的责任，同时地方政府和金融监管部门也要承担相应的监管责任。

1. 强化股东和实际控制人的责任

金融机构的主要股东和实际控制人是风险管理的关键责任主体。他们必须使用合法的自有资金进行出资，并且要确保资金来源的合法性，不得利用违规手段出资，不得占用或转移金融机构的资金和资产。对于主要股东，他们需要满足特定的资质条件，包括良好的社会声誉、诚信记录、纳税记录和财务状况。此外，

---

① 陈兵兵；梁罗尹；潘小玉；黄惠华；潘云菲.我国金融稳定保障基金发展现状及国际经验借鉴［J］.河北金融，2023（11）：30-36.

证据要股东还应当接受监管部门的约谈，了解其对金融机构的影响，并在金融机构面临风险时，承担起风险处置的主体责任，这包括提供资本补充、流动性支持或配合实施恢复处置计划等。在风险管理方面，金融机构的股东和实际控制人需要建立有效的风险隔离机制，防止风险在金融机构与其他关联机构之间的传播和转移。他们还应当对其与金融机构和其他关联机构之间的董事会成员、监事会成员和高级管理人员的交叉任职进行有效管理，以防范利益冲突。

2. 强化地方政府的金融监管责任

强化地方政府金融监管责任是维护区域金融稳定的重要举措。在这一过程中，地方政府应当建立健全的金融监管框架，包括明确监管职责、强化监管制度、提高监管效率和透明度，以及加强与中央监管机构的协调合作。[①] 中央金融监管部门和地方党政机关在日常监管、风险处置、资源调配等方面进行深度有效的分工协作、协调配合，厘清中央与地方金融监管事权边界，完善金融监管权配置的法治供给。加强中央与地方之间的信息沟通和共享，确保地方能够及时获得中央金融管理部门的具体政策文件和信息，提高政策理解的全面性和准确性。同时，地方政府还需密切监测本地金融市场动态，及时识别和应对潜在的金融风险，确保金融市场的健康发展。通过持续的监管创新和能力建设，地方政府能够为促进地方经济繁荣与金融安全提供坚实保障。

3. 强化金融监管部门的责任

金融监管部门应加强监管力度，确保金融机构遵守法律法规，维护金融市场秩序。监管部门需要对金融机构的主要股东和实际控制人进行资质审核，确保其符合相关规定，并在必要时进行干预，以防风险的扩散。

金融监管部门在强化监管责任时，应采取一系列措施以确保金融市场的稳定和金融机构的合规性。监管部门需要持续加强对金融机构的监管力度，确保所有金融活动都在法律法规的框架内进行。

金融监管部门对金融机构的主要股东和实际控制人进行严格的资质审核，确保他们符合监管要求，防止不合规的个人或实体对金融机构的控制。金融监管部

---

① 李勇.完善地方政府金融监管与服务体制的思考［J］.新金融世界，2021（8）：58–59.

门在发现金融机构存在潜在风险时，监管部门应及时进行干预，采取措施防止风险的扩散和蔓延。金融监管部门增加监管资源的投入，包括人员、技术、经费等，提升监管的专业性和有效性。金融监管部门利用数字技术为监管赋能，如通过大数据分析、人工智能等手段提高监管的智能化水平。金融监管部门建立有效的风险处置机制，包括风险预警、风险评估、风险控制和风险化解等，确保金融市场的稳定运行。

（四）提高公开透明度

提高公开透明度是确保政府决策过程和重要事项对公众透明化的一种方式，这样做有助于维护公众对政府应对危机措施的信任。

1. 信息公开

政府决策透明化的基石是信息公开。政府必须定期公布决策过程、政策执行情况和重要事项的相关信息，确保公众能够及时了解政府的行动。这包括预算分配的细节、立法过程的每一步、政策制定的依据以及执行结果的统计数据。信息公开的目的是让公众能够监督政府工作，减少误解和猜疑，增强政府的公信力。为了实现这一目标，政府应当建立一个完善的信息公开机制，确保信息的准确性、及时性和可访问性。此外，政府还应当提供对决策背后的原因和逻辑的详细解释，使公众能够全面理解政府的决策过程和政策意图。

2. 公众参与

提高政府决策透明度的另一个关键途径是公众参与。政府应当采取积极措施，鼓励公众参与到决策过程中来。这可以通过举行听证会、开展公众咨询、进行在线调查等多种形式实现。通过这些方式，公众可以直接参与到政策讨论中，提出自己的意见和建议。这种参与不仅增加了决策过程的透明度，还有助于提高政策的质量和公众的满意度。公众参与还可以帮助政府更好地理解民众的需求和期望，从而制定出更符合民意、更有效的政策。政府应当重视公众的参与，确保公众的声音能够被听到并纳入决策考量。

3. 建立有效的反馈机制

为了进一步提高透明度，政府需要建立一个有效的反馈机制。这个机制应当为公众提供多种方便的反馈渠道，如在线反馈表单、电子邮件、电话热线等，以便公众能够轻松地对政府的决策和行动提出意见和建议。政府应当认真对待这些反馈，及时进行回应和处理。这不仅有助于政府了解公众的关切和需求，还能够促进政府的自我改进和政策调整。一个良好的反馈机制还应当包括对公众意见的分析和评估，以及基于反馈进行的政策调整和改进。政府应当定期公布反馈处理的结果，以显示其对公众意见的重视和对透明度的承诺。

4. 定期发布透明度报告

发布透明度报告是提高透明度的有效手段。这些报告应该详细说明政府如何实施透明度原则，包括信息公开的范围、参与机制的实施情况、反馈渠道的建立和使用情况等。透明度报告还应该展示政府在提高透明度方面取得的进展和面临的挑战，以及未来的改进计划。通过透明度报告，政府可以向公众展示其对透明度的承诺和努力，增强公众对政府的信任。这些报告应当定期发布，并且以易于理解的方式呈现，以便所有公众都能够访问和理解。

（五）加强内部控制和风险管理法治化

金融机构需要建立和完善内部控制机制，提高风险管理能力。

1. 风险管理法治化

金融机构的风险管理是一个全面的过程，它涉及到识别、评估、监控和控制风险的各个环节。为了确保风险管理的有效性，金融机构需要建立一个与公司风险状况相匹配的全面风险管理体系。这个体系应当覆盖所有的业务流程和操作环节。董事会在这个过程中承担着最终的责任，需要确保风险管理的独立性和有效性，避免利益冲突。此外，还需要设立首席风险官或指定风险责任人，负责风险管理的日常运作，并及时向监管机构报告重大风险事件。这样的体系有助于降低决策错误的几率，避免损失的可能性，从而提高企业本身的附加价值。

2. 内部控制法治化

内部控制是金融机构稳健运营的基石。它要求金融机构建立健全的内部控制体系，明确各个岗位的职责，完善控制措施，并持续进行评价和监督。董事会不仅要关注内部控制的状况，还要积极培育良好的内控文化，定期研究和评价内控体系的健全性、合理性和有效性。通过这种方式，可以及时发现问题，防范风险，促进金融机构的稳健发展。

3. 内外部审计法治化

金融机构应当建立一个独立的内部审计体系，以及时发现问题和防范风险。内部审计工作应当独立于业务经营、风险管理和内控合规，以确保审计的客观性和公正性。首席审计官或审计责任人应对董事会负责，并定期报告工作。此外，还应当聘请独立、专业、具备资质的外部审计机构进行财务审计和内部控制评估，以提高审计的质量和可信度。

4. 信息系统控制法治化

着信息技术的发展，金融机构的业务越来越依赖于信息系统。因此，建立有效的信息系统控制至关重要。金融机构应当确保业务和管理活动的系统自动控制，根据经营管理的需要，确定部门、岗位的职责及权限，并形成规范的岗位职责说明。同时，还应当实施相应的分离措施，形成相互制约的岗位安排，以确保信息系统的安全、可靠和高效。

5. 绩效考评与员工行为管理法制化

金融机构应当建立一个科学的绩效考评体系，合理设定内部控制考评标准，对考评对象进行评价，并根据结果改进管理。此外，还应当制定规范员工行为的制度，明确禁止性规定，加强监督和排查，建立异常行为举报、查处机制。通过这些措施，可以提高员工的工作效率和质量，同时确保员工行为的合规性。

6. 业务连续性管理法制化

业务连续性管理是金融机构应对运营中断事件的重要手段。金融机构应当建立业务连续性管理体系，明确组织结构和管理职能，制定计划，开展演练和评估，有效应对运营中断事件，保证业务的持续运营。同时，还应当制定有利于可持续发展的人力资源政策，加强员工培训，培育良好的企业内控文化。通过这些措施，可以在面临突发事件时，确保金融机构的业务能够快速恢复，减少损失。

第六章　未来展望与建议

第一节 金融法律与监管的未来趋势

一、金融法律与监管面临的新兴挑战

（一）金融科技的快速发展带来的挑战

1. 法律合规风险的挑战

金融科技的快速发展带来了许多创新的金融产品和服务，这些新事物往往超出了现有法律体系的覆盖范围。

金融科技的迅猛发展带来了对现有法律体系的巨大挑战。随着区块链、大数据、人工智能等新兴技术的广泛应用[①]许多金融科技应用在法律上仍处于灰色地带，现行法律体系往往难以适应快速变化的金融科技实践。

金融科技的跨界特性使得传统的金融监管体系难以适应。例如，区块链技术的去中心化特性使得金融交易更加透明，但同时也给反洗钱和资金流动监控带来了新的挑战。大数据和人工智能的应用提高了金融服务的效率，但也可能引发数据隐私和算法透明度的问题在人工智能领域，尤其是高度自动化和自主学习的AI系统，其是否具备法律主体资格成为法律界的热议话题。如果AI系统在执行任务时出现失误或造成损害，如何界定责任和追责成为法律上的难题。此外，AI生成的内容版权归属也是一个尚未解决的问题金融科技企业通过创新业务模式，可能会规避现有的金融监管框架，利用监管空白区域进行高风险交易，增加金融系统的风险。此外，一些金融科技企业通过发行 ABS（资产证券化）产品进行表

---

① 安锦婧；叶诗好；黄旭.区块链技术对大数据联盟数据共享的影响研究——基于演化博弈分析［J］.福建金融，2024（8）.

外融资，绕开传统的杠杆限制，形成高杠杆风险。

2. 系统性金融风险的挑战

金融科技的广泛应用会增加金融系统的复杂性和互联性，从而增加系统性风险。

技术依赖性增强：金融科技企业通常严重依赖于互联网和算法模型来提供金融服务。例如，支付宝和微信支付等电子支付平台在推动无现金社会的同时，也可能因为网络攻击或技术故障而导致服务中断，这种依赖性增加了系统性风险的脆弱性。

信息不对称：金融科技企业并不像传统金融机构那样承担全面的信息披露义务，这导致了信息透明度的降低。例如，互联网理财平台在实施资产管理时，资金流向可能不明确，导致投资者无法获取必要的资产端信息，这种信息的缺失可能成为系统性风险传播的一个重要渠道。

市场规模的迅速膨胀：金融科技行业的总体规模虽然小于传统金融机构，但其增长速度迅猛。例如，余额宝在短时间内迅速成为中国第一、全球第四大的在线货币基金，这种快速增长可能会在没有适当监管的情况下诱发宏观金融风险并放大金融系统的震荡。

金融科技企业规模的急剧膨胀和与传统金融机构的紧密结合可能成为风险传染的路径。金融科技企业通过提供创新的金融服务和产品，与传统金融机构形成了紧密的合作关系。然而，这种合作可能导致风险的交叉传导，一旦金融科技企业出现问题，可能会迅速波及与之合作的传统金融机构，进而影响整个金融系统的稳定性。

金融科技可能会加剧信用风险的扩散，尤其是当金融科技企业与传统金融机构合作时，由于合作不规范或监管不完善，可能会引发连锁反应，导致信用风险的爆发。例如，金融科技企业在信贷评估和风险管理方面可能缺乏与传统金融机构相同的经验和能力，这可能导致信用风险的误判和累积，一旦市场环境发生变化，可能会引发大规模的违约潮。

3. 监管套利风险的挑战

金融科技的跨界特性使得其容易在不同监管体系之间寻找套利空间。监管套利可能导致监管失效，金融机构可能会将业务转移到监管较为宽松的地区，以此来逃避原本应遵守的严格监管，这可能会导致监管机构难以有效监控和控制风险。增加系统性风险，监管套利可能会使得金融机构承担更高的风险，因为它们可能会为了降低监管成本而采取更加激进的投资策略。这种行为可能会在金融系统中传播，增加整个系统的脆弱性。一些金融科技公司通过创新业务模式，规避现有金融监管框架，在监管空白区进行高风险交易，带来风险隐患。例如融科技公司利用大数据、人工智能等先进技术，提供传统金融机构无法提供的服务，如快速的信贷审批、智能投顾等，这些服务可能在某些监管体系中尚未有明确的规则，从而形成监管空白区域。又如，部分金融科技企业通过发行 ABS（资产证券化）产品进行表外融资，跳出了传统小贷公司杠杆的限制 [①]，形成上百倍的高杠杆，一旦发生违约，风险将迅速蔓延。

4. 信息安全风险的挑战

金融科技企业在提供服务的过程中收集和处理大量用户数据，这些数据的安全性和隐私保护成为监管面临的重大挑战。2023 年，我国全网监测并分析验证有效的数据泄露事件超过 19500 起，涉及金融、物流、航旅、电商、汽车等 20 余个行业。金融行业超过物流行业，成为 2023 年公民个人信息泄露事件数量最多的行业。2023 年公民个人信息泄露事件中的数据交易时间中，非工作日（周末、节假日）发生的事件数量高达 31.21%，夜间发生的事件占比高达 51.88%。数据泄露、非法交易个人信息等事件时有发生，对用户隐私权构成严重威胁。监管机构需要加强对金融科技企业的数据搜集工作，建立健全信息安全长效防控机制，严格规范用户数据的收集、使用和保护。

5. 数据应用风险的挑战

金融科技企业通过对大数据的分析和应用，提供精准的金融服务，但同时也存在数据滥用和不当应用的风险。例如金融科技行业面临着显著的数据泄露风险，由于数据具有高价值，其存储和传输方式难以在安全性上与一般数据区分开来。算法"黑箱"，金融科技在实现过程中，算法的不透明性和非中立性导致数据处理与交易决策的过程被遮蔽，加剧了信息不对称现象，可能导致数据滥用。一些企业可能过度收集并滥用客户信息，或者在数据保管不当遭受网络攻击的情况下泄露客户数据，这不仅侵犯了消费者的隐私权，也可能被用于不正当的金融活动。

（二）跨境金融活动的增加

全球化背景下，跨境金融活动日益频繁，这对监管机构的监管能力和国际合

---

① 黄全赐.国内小贷公司融资现状和思考［J］.商业文化，2020（5）：34-35.

作提出了更高要求。跨境金融活动的增加带来了监管机构面临的挑战，具体可以从以下四个方面进行阐述：

1. 规则重复与差异

全球化背景下，金融机构往往需要遵守多个司法管辖区的规则，这导致了规则的重复性问题。例如，衍生品清算、交易以及风险缓释要求的域外适用使得许多机构必须同时遵守多套规则。不同司法管辖区对全球性标准的具体执行制定了差异性规则，如衍生品交易报告的内容与形式、集团内交易豁免等，导致金融机构需要建立不同的体系以遵守每套规则，增加了执行与合规的负担。一些司法管辖区采取措施将资源或活动保留于本国，如要求某些衍生品交易在本地中央对手方进行清算，这种监管竞争加剧了规则的差异性。尽管全球性标准设定了共同实施期限，但不同司法管辖区可能会在不同时间实施相关要求，导致企业在不同司法管辖区受制于不同规则，对竞争条件产生暂时的不利。

2. 跨境监管竞争、监管真空、监管变动的挑战

监管竞争是指监管主体之间为了吸引资源和增加福利，通过提供更有吸引力的监管环境所展开的竞争。这种竞争不仅可以推动监管效率的提高，还可能带来监管创新。然而，监管竞争也可能导致全球金融市场的碎片化，增加金融机构的合规成本。这表现为：监管套利：金融机构可能会利用不同司法管辖区之间的监管差异，选择在监管要求较低的地区开展业务，以此来降低合规成本。监管竞次：为了吸引金融活动，一些司法管辖区可能会降低监管标准，从而在全球范围内引发监管水平的下降。监管重叠：在某些情况下，多个监管机构可能对同一金融活动拥有监管权，导致监管要求重复，增加金融机构的合规负担。

与监管重叠相反，监管竞争也可能导致某些跨境金融活动完全不受监管。由于监管机构可能缺乏对这些新活动的理解和准备，或者为了不抑制创新而故意采取观望态度，从而未能及时制定相应的监管规则。监管竞争可能导致监管规则频繁变动，金融机构需要不断适应新的监管环境，这会带来额外的成本。金融机构为了适应不同监管机构的新规则，可能需要投入更多的资源进行合规性审查和调整，包括更新内部政策、员工培训、技术系统改造等。监管规则的不断变化可能导致金融机构在合规过程中出现疏漏，增加了法律和运营风险，金融机构可能因此面临罚款、声誉损失等后果。监管规则的不稳定性会导致市场参与者对未来的

监管环境感到不确定，这可能抑制金融创新和市场活力。金融机构为了应对监管变动，可能不得不重新分配资源，这可能导致资源无法集中用于核心业务发展，降低了整体的资源配置效率。

3.跨境金融活动国际合作的挑战

跨境金融活动往往涉及多个国家和地区，需要监管机构之间的紧密合作。但不同国家的法律体系、监管政策和合作机制可能存在差异，增加了国际合作的复杂性。

政策和法规差异。跨境金融活动涉及多个国家和地区，每个国家都有自己的金融政策和法规。这种差异可能导致金融机构在开展业务时面临合规挑战，需要适应不同的法律框架和监管要求。例如，反洗钱和数据保护的法律规定在不同国家间存在显著差异，金融机构必须确保其业务操作符合所有相关国家和地区的法律法规。

外汇风险管理。跨境金融活动通常涉及多种货币，因此外汇风险成为国际合作中的一项重要挑战。汇率波动可能影响跨境交易的成本和收益，金融机构需要有效管理这些风险，以保护投资不受不利汇率变动的影响。这可能需要复杂的对冲策略和深入的市场分析。

税务合规和跨境税收问题。跨境金融活动涉及的资金流动可能会引发复杂的税务问题，包括税率的不同、税收优惠政策的差异以及避免双重征税的协定。金融机构需要确保其税务筹划和报告符合所有相关税务当局的要求，同时避免税收逃避和避税行为。

（三）金融消费者保护

随着金融市场的复杂性增加，金融消费者的权益保护变得更加重要，这给监管带来了挑战。

1.隐私权保护的挑战

随着金融市场的数字化转型，金融消费者个人隐私权保护面临前所未有的挑战。尽管我国已经出台了《中华人民共和国网络安全法》《中华人民共和国数据安全法》等法律法规，但在金融隐私权保护方面，仍然缺乏一个全面、系统的法律框架。现有的法律法规往往缺乏具体、可操作的条款，使得在实际操作中难以有效保护金融消费者的隐私权。此外，金融隐私权的法律保护往往分散在不同的法律文件中，缺乏统一性和协调性。金融机构内部信息管理存在风险：

　　金融机构在收集和处理消费者数据的过程中,可能由于内部管理机制不健全,导致消费者金融隐私信息的泄露。例如,金融机构可能未能建立有效的数据保护机制,或者员工可能因缺乏足够的培训和意识而无意中违反了隐私保护规定。此外,金融机构可能未能及时更新其数据保护措施以应对新的技术挑战,如黑客攻击和恶意软件。金融机构可能会过度收集客户数据,甚至从事个人信息数据倒卖、租用等违法违规活动,造成对个人信息的过度商业利用。

2. 金融产品与消费者理解匹配的挑战

　　金融产品的适当性管理是保护消费者权益的关键。金融机构需要确保金融产品的销售与消费者的风险承受能力相匹配。然而,由于金融产品复杂性增加,消费者往往难以充分理解产品特性和风险,导致不适当的销售行为。例如,复杂金融产品大多将传统金融产品和结构化产品相结合,将信用、汇率、利率等金融工具进行组合,使得风险隐蔽性增强。监管机构需加强适当性管理规定的执行力度,并提高金融机构的违规成本。此外,还需要加强对金融消费者的教育,提高他们对金融产品的理解能力,以便他们能够做出更明智的投资决策。

3. 消费者投诉处理机制的挑战

　　随着金融产品和服务的多样化,消费者投诉的数量和复杂性也在增加。现有的投诉处理机制可能无法及时有效地解决消费者的问题。例如,行政部门处理消费争议的程序性要求:行政部门在处理消费争议时需要遵循一定的程序和时效,但实际操作中可能会因为程序复杂或者资源有限而影响处理效率。特殊消费争议的解决策略:对于群体性消费者权益保护问题,如何建立有效的解决机制和流程,确保科学性和公正性,是一个需要解决的问题。在线纠纷解决机制(ODR):虽然ODR机制为消费者提供了便捷的在线投诉渠道,但如何确保其有效运行和消费者满意度仍然是一个挑战。消费者协会的及时响应:消费者协会在处理消费者投诉时需要及时介入,提供专业、高效的调解服务,但如何提高响应速度和服务质量是一个问题。

4. 金融消费者教育和意识提升的挑战

　　金融消费者往往缺乏必要的金融知识和风险意识,容易受到误导和欺诈。例如,消费者可能因为缺乏对金融产品特性和风险的理解而做出不适当的投资决策。监管机构需加强对金融消费者的教育,提高他们的金融素养和自我保护能力。这包括提供更多关于金融产品、服务和市场风险的教育材料和培训课程。同时，金融机构也应该承担起教育消费者的责任，通过各种渠道和方式提高消费者的金融知识水平。

（四）非法金融活动的网络化和隐蔽化

非法金融活动的网络化和隐蔽化对金融市场的稳定构成威胁，给监管带来挑战。

1. 非法金融活动的网络化趋势

网络化的非法金融活动不仅涉及面广、涉案金额巨大，而且手段隐蔽，给监管部门的监测和识别带来了极大的挑战。非法金融活动的网络化趋势主要有以下六个方面的表现：

（1）利用互联网平台进行虚假宣传：犯罪分子通过建立看似合法的网站和移动应用程序，发布虚假的投资项目和理财产品，以高回报率为诱饵吸引投资者。

（2）线上线下结合：非法集资犯罪呈现线上线下结合的特点，犯罪分子不仅在互联网上进行宣传和交易，还可能在线下设立实体门店，以增加其活动的可信度。

（3）快速的资金集结和转移：通过互联网支付系统和平台，犯罪分子可以迅速集结资金并将其转移至境外，增加了资金追踪的难度。

（4）利用网络支付系统和平台：犯罪分子利用网络支付系统和平台快速集结资金转移出境，利用游戏币、网络直播等方式进行洗钱活动，因隐匿性强，导致追赃挽损困难。

（5）网络传销：网络传销利用互联网传播迅速，犯罪手段愈加隐蔽，危害后果严重。非法传销网络化趋势明显，呈现规模化特征，带来极大金融风险。

（6）洗钱犯罪手段网络化：随着信息网络技术进步和金融创新发展，衍生出专业网络"跑分"支付平台、证券交易、互联网交易等新型洗钱方式。

2. 非法金融活动的隐蔽性增强

隐蔽性强的非法金融活动，不仅对金融市场秩序构成威胁，也对监管提出了更高的要求。非法金融活动的隐蔽性增强主要表现在以下六个方面的表现：

（1）利用虚拟货币进行非法交易：随着加密货币的普及，非法金融活动开始更多地利用比特币等虚拟货币进行资金的跨境转移和洗钱活动。地下钱庄作为传统洗钱通道，随着监管的加强，开始出现新型变种，如利用虚拟币、游戏币等进行跨境转移资产，由于虚拟货币的匿名性和去中心化特点，追踪资金流向变得非常困难，使得打击难度进一步加大。

（2）通过网络游戏和社交媒体进行非法金融活动：非法分子通过创建网络游戏、社交媒体平台或者电子商务平台，以高额回报为诱饵吸引用户投资，实则进行非法集资和传销活动。通过直播打赏、网络游戏等平台进行资金的转移和洗钱，这些新型的洗钱载体和方式更加隐蔽，难以被监管部门及时发现和打击。

（3）利用金融科技进行监管套利：一些金融科技公司在未取得相应金融牌照的情况下，提供金融产品或服务，利用监管的滞后性和不完善性进行监管套利。这种非法金融活动往往以金融创新的名义进行，使得监管机构难以及时有效地进行监管和打击。

（4）复杂金融产品结构：犯罪分子利用设计复杂的金融产品结构，如多层嵌套的理财产品、难以理解的金融衍生品等，掩盖非法集资的本质，使得普通投资者难以识别其真实风险。

（5）虚假金融创新：通过虚假宣传所谓的金融创新，例如区块链、数字货币、互联网＋金融等概念，实则进行非法集资和金融诈骗活动。

（6）非法外汇交易：一些非法金融活动通过非法外汇兑换平台，提供货币兑换服务，帮助客户将资金转移到境外。这些平台通常不经过正规的银行和金融机构，因此能够规避监管和审查。例如跨境"对敲"模式，地下钱庄等非法机构通过在境内外建立账户，实现资金的单向循环，即境内人民币流动与境外外币流动各自独立，通过"两地平衡"的方式进行资金的非法跨境转移，这种方式不涉及资金的物理跨境流动，因此难以被监管机构发现。

二、未来监管模式的预测与构想

（一）推进监管框架的现代化

监管模式将从传统的合规导向转变为风险导向。

监管模式从传统的合规导向转变为风险导向，推进监管框架现代化是金融行业适应新形势的关键步骤，监管框架现代化有助于提高金融系统的稳定性和透明度，同时促进金融创新的健康发展。以下是监管模式从传统合规导向转变为风险导向后的具体表现：

1. 系统性风险的监测和管理

系统性风险的监测和管理是金融监管现代化的重要组成部分，具体表现在以下两个方面：

（1）宏观审慎政策的实施：监管机构通过实施宏观审慎政策来防范系统性金融风险，尤其是防止风险的顺周期累积和跨机构、跨行业、跨市场以及跨境传染。这包括对金融机构的资本水平、流动性、资产负债结构等方面施加额外的监管要求，以增强金融体系的稳健性和韧性。

（2）系统性风险的监测和评估：监管框架现代化强调了对系统性金融风险的监测和评估，包括宏观杠杆率、政府、企业和家庭部门的债务水平和偿还能力，以及具有系统重要性影响的金融机构、金融市场、金融产品和金融基础设施。监管机构利用风险评估工具和监管判断，识别金融体系中系统性金融风险的来源和表现，以及衡量系统性金融风险的整体态势。

这些措施有助于监管机构更有效地识别和管理金融系统中的系统性风险，确保金融稳定和经济健康发展。

2. 影子银行的监管

金融监管机构强化对影子银行的监管，确保其活动透明化，并受到适当的监管，从而防范风险的隐匿传播，增强了金融系统的稳定性。中国金融监管机构首次对影子银行进行了全面、系统的定义和界定。金融监管机构将影子银行分为广义和狭义两大类，广义影子银行包括了多种金融产品和活动，而狭义影子银行则包括了风险更为突出的产品和活动，如网络借贷 P2P 贷款等高风险业务，中国金融监管机构提出了界定影子银行的四项标准，包括金融信用中介活动处于银行监管体系之外、业务结构复杂、信息披露不完整和集中兑付压力大等。

这一界定既考虑了国际标准，也结合了中国实际情况，确保了监管的有效性。这种明确界定有助于监管机构更精确地识别和监管影子银行活动，减少监管套利空间。监管机构建立了初步的统计监测体系和认定标准，厘清了影子银行的真实规模和业务分布。通过风险排查、现场检查与监管督查，穿透识别底层资产，基本确认了风险最终承担主体。对影子银行进行了大规模的治理，包括严厉整治市场乱象、规范交叉金融监管、拆解非法金融集团等措施。这些措施有效压降了影子银行的规模，特别是高风险业务如同业理财、委托贷款和网络借贷 P2P 贷款等得到了重点清理。

3. 金融科技创新的监测分析

金融科技创新的监测分析是现代化监管框架的重要组成部分，这些措施的实施有助于监管机构更有效地应对金融科技带来的挑战，促进金融创新的健康发展，同时保护消费者权益和维护金融市场的稳定。

（1）监管沙盒的实施：监管沙盒提供了一个安全的环境，允许金融科技公司在真实市场条件下测试其创新产品、服务和商业模式，而不必立即受到所有监管要求的约束。这种机制有助于监管机构更好地理解金融科技的运作方式，并在创新对消费者和金融市场产生影响之前识别和降低潜在风险。

（2）利用大数据和人工智能进行监管：监管机构越来越多地利用大数据和人工智能技术来提高监管效率和有效性。通过分析大量的金融交易数据，监管机构能够实时监测市场动态，及时发现异常行为，如洗钱和欺诈活动，从而提前预警和防范系统性金融风险。

（3）区块链技术在监管中的应用：区块链技术以其透明性、不可篡改性和去中心化的特点，为金融监管提供了新的思路。例如，通过区块链技术，监管机构可以构建一个更加透明和安全的金融监管系统，实现对金融交易的实时监控和审计，提高监管的透明度和公信力。

（二）构建多元化监管体系

构建多元化监管体系是金融监管体制改革的重要方向，其中混业监管与双峰监管是两个关键的方面。

1. 混业监管

混业监管主要是针对金融集团内部跨行业经营的各类金融机构实施统一监管。

混业监管强调业务活动监管，混业监管要求对金融集团内不同金融机构的业务活动进行全面监督。这包括银行业务、证券交易、保险服务等，确保各项业务在合规框架内运行，防止不正当竞争和风险积累。监管机构需要对金融集团的业务活动进行穿透式监管，确保金融产品和服务的透明度，以及金融活动的真实性和合规性。

混业监管强调风险管理与资本充足性，其核心在于确保金融集团的稳健性。这涉及到对金融集团整体风险的识别、评估和控制，包括市场风险、信用风险、流动性风险等。[①] 监管机构会要求金融集团建立健全的风险管理体系，包括风险识别、风险评估、风险控制和风险报告等环节。为了确保金融集团有足够的资本缓冲来吸收潜在损失，监管机构会关注金融集团的资本充足性。

根据《商业银行资本管理办法》的规定，商业银行的资本充足率不得低于8%，一级资本充足率不得低于6%，核心一级资本充足率不得低于5%。这些比率的设定旨在确保银行有足够的资本来覆盖其资产的风险。此外，金融控股公司、所控股金融机构以及集团整体的资本应当与资产规模和风险水平相适应。资本充足水平的计算应当以并表管理为基础，这意味着金融集团需要将其所有子公司的资产和风险纳入考量，以确保整个集团的资本充足性。监管机构还会要求金融集团建立资本补充机制，以便在资本水平不足时能够及时补充资本。这可能包括发行新的资本工具，如优先股或其他符合监管要求的资本工具，以提高资本水平。

通过这些措施，混业监管旨在提高金融集团的风险管理能力和资本充足性，从而维护金融稳定，保护消费者和投资者的利益。

2. 双峰监管

双峰监管模式是现代金融监管体系中的一个重要概念，其核心在于将审慎监管和行为监管分开，形成两个专门的监管机构，各自承担不同的监管职责。[②]

（1）审慎监管主要关注金融机构的稳定性和安全性。这包括对金融机构的资本充足性、流动性、风险管理等方面的监管。例如，根据《商业银行资本管理办法》的规定，商业银行的资本充足率不得低于8%，一级资本充足率不得低于6%，核心一级资本充足率不得低于5%。这些监管指标的设定，旨在确保银行有

---

① 祁妙.混业经营趋势下我国金融监管模式的选择与创新探讨 [J].财经界，2019（12）：15.
② 王敏.双峰监管"模式的发展及对中国的启示 [J].陕西行政学院学报，2016（5）：82-85.

足够的资本来覆盖其资产的风险，从而维护整个金融系统的稳定。

（2）行为监管则着重于保护消费者权益和市场行为的公平性。这包括对金融机构的市场行为、信息披露、消费者保护等方面的监管。例如，监管机构可能会要求金融机构提供清晰的产品说明书，确保消费者能够充分理解金融产品的条款和风险。此外，监管机构还会对金融机构的销售行为进行监督，防止误导销售和不公平交易行为。

在实施双峰监管的过程中，两个监管机构各司其职，但又相互配合。审慎监管机构负责金融机构的安全性和稳健性，而行为监管机构则负责市场行为和消费者保护。

这种模式有助于提高监管的专业性，同时也能够更好地应对金融系统的复杂性和多变性。例如，澳大利亚和荷兰是最早采用"双峰"模式的两个国家，其金融体系因此变得更加稳健。在中国，随着金融监管体系的重构，双峰监管模式也被提上日程，以期构建更加稳健的金融监管体系。通过这种监管模式的实施，可以更有效地防范金融风险，保护消费者权益，促进金融市场的公平竞争，从而维护金融市场的长期稳定和健康发展。

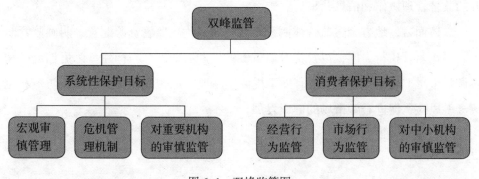

图 6-1　双峰监管图

3. 强化地方金融监管

在实施混业监管与双峰监管的同时，还需要强化地方金融监管，压实地方金融主体责任。

强化地方金融监管是金融监管体制改革的重要组成部分，其目的是构建一个更加稳健和协调的金融监管体系。改革的核心在于建立以中央金融管理部门地方派出机构为主的地方金融监管体制，并优化这些机构的设置和资源配置。地方政府设立的金融监管机构将专注于监管职责，不再同时担任金融工作局或金融办公室的职能，这有助于强化监管属性，确保监管的专业性和有效性。[①]

改革的方向是使得地方金融监管机构更加专注于监管职责，如党建工作、对"7+4"地方金融组织的监管，以及金融风险的防范和处置。这些"7+4"地方金融组织包括小额贷款公司、融资担保公司、区域性股权市场、典当行、融资租赁公司、商业保理公司、地方资产管理公司等，它们通常规模较小，服务对象多为经过大型金融机构筛选后的次级客户，信用体系不健全，潜在违约风险较高。

改革的目的是解决过去地方金融监管部门在金融发展与监管之间的矛盾，扭转"重发展轻监管"的局面。改革后，地方金融监管机构将更加专注于监管，以防范和处置金融风险，维护地方金融稳定。此外，改革还强调了地方金融组织的"持牌经营"，要求省级政府对地方金融组织的审批权限不得下放，以及对地方金融组织总体遵循服务本地原则，原则上不得跨省级行政区域开展业务。

在实施名单制管理和差异化监管方面，未来对地方金融组织的监管力度将逐步向传统金融机构靠拢，同时对不符合监管要求的机构研究完善市场退出和风险处置的制度机制。改革还涉及到中央与地方金融监管协调双机制的建立，强化双方的监督管理协作和信息共享。

总体而言，地方金融监管体制改革旨在通过优化监管资源配置、明确监管职责、强化监管执行力度，以及提升监管专业性和有效性，来构建一个更加统一和协调的金融监管体系。[②]这将有助于提高金融监管的透明度和公信力，防范和化解金融风险，促进金融市场的健康发展。

---

① 陈明辉.我国央地分权的模式及类型［J］，地方立法研究，202（4）：25-43.

② 李有星.地方金融监管立法条文比较与原理［M］.杭州：浙江大学出版社，2020

第二节 改革方向

一、对现有金融法律与监管体系的评价

（一）监管框架的完善性

我国金融监管体系在不断完善，通过机构改革加强了党中央对金融工作的集中统一领导，优化了金融监管资源配置，提高了监管效率。

1. 监管架构优化

我国金融监管架构的优化是金融监管体系完善的重要成就之一。通过机构改革，实现了监管资源的优化配置，提高了监管效率。监管架构的优化主要体现在以下几个方面：

（1）集中统一领导：加强了党中央对金融工作的集中统一领导，确保金融监管工作与国家宏观政策保持一致，提高了监管的权威性和有效性。

（2）监管资源不断优化：通过整合和优化监管资源，提高了监管的专业性和效率，确保监管能力与金融市场的发展需求相匹配。

（3）监管职能转变：监管机构更加注重风险预防和早期干预，从以审批为主转变为以风险监管为主，提高了监管的前瞻性和针对性。

（4）监管法规完善：随着监管架构的优化，相关的金融法律法规也得到了完善，为金融监管提供了更加坚实的法律基础。

（5）监管科技应用：监管科技的应用提高了监管的实时性、精准性和有效性，如利用大数据、云计算等技术进行监管数据分析和风险预警。

2. 监管的全覆盖

监管全覆盖是确保金融市场稳定运行的基础。新成立的国家金融监督管理总局将统一负责除证券业之外的金融业监管，强化了机构监管、行为监管、功能监管、

穿透式监管和持续监管，确保所有金融活动依法纳入监管，消除监管空白和盲区。

（1）机构监管：对金融机构的设立、运营、退出进行全流程监管，确保金融机构的健康稳定运行。

（2）行为监管：规范金融机构的经营行为，保护消费者权益，维护金融市场的公平公正。

（3）功能监管：对金融机构的业务功能进行监管，确保金融服务实体经济的功能得到有效发挥。

（4）穿透式监管：通过监管科技手段，穿透金融产品和服务的表象，揭示其真实风险，实现对复杂金融产品的有效监管。

（5）持续监管：对金融市场和金融机构进行持续、动态的监管，及时发现和处置风险，确保金融市场的长期稳定。

通过这些措施，我国金融监管体系在监管架构优化和监管全覆盖方面取得了显著成就，为金融市场的稳定和健康发展提供了有力保障。

（二）风险防控能力不断提高

在当前复杂多变的国内外经济金融形势下，我国的风险防控能力不断提升，取得了显著的成就。以下是几个方面的具体表现：

1. 资本市场监管加强

国务院提出了加强监管、防范风险、推动资本市场高质量发展的若干意见，包括严把发行上市准入关、严格上市公司持续监管、加大退市监管力度等措施，以确保资本市场的稳定健康发展。

2. 金融风险攻坚战取得决定性成就

我国防范化解金融风险攻坚战取得决定性成就，银行业保险业风险从快速发散转为逐步收敛，一批重大问题隐患得到有效控制，守住了不发生系统性风险的底线。

3. 信用风险管理与法律防控专业建设

全国高校"信用风险管理与法律防控专业"的建设情况报告显示，我国正加快信用专业人才培养，以满足社会信用体系建设对法律专业人才的需求。

4. 保险业监管加强

国务院发布关于加强监管防范风险推动保险业高质量发展的若干意见，提出要严把保险市场准入关、严格保险机构持续监管、严肃整治保险违法违规行为等措施，以提升保险业服务民生保障水平。

5. 金融创新风险防范

在金融创新领域，我国正努力提高系统性金融风险监测预警能力，建立不良资产严分类、快处置机制，持续提升资本充足水平，开展针对性压力测试，以确保不发生系统性金融风险。

6. 风险防控意识和能力提升

国务院国资委提出，面对各类矛盾和风险易发期，中央企业要切实有效防范化解各类风险，坚决守住不发生重大风险底线，全面提升风险预判力和应对能力。

7. 金融风险处置

2020年，我国银行业紧急提供专项信贷5.3万亿元，保险业完成相关保险赔付超过5亿元，全力支持疫情防控和经济社会稳定。同时，金融体系内部空转的同业资产占比大幅度下降，影子银行得到有序拆解，金融违法犯罪行为受到严厉惩治。

通过这些措施，我国的风险防控体系不断完善，风险管理能力不断增强，为经济社会的稳定和发展提供了有力保障。

（三）金融法治建设得到加强

金融法治建设得到了加强，新的法律法规陆续出台，如新证券法、期货和衍生品法等，同时金融稳定法立法也在稳步推进，为金融业发展提供了法治保障。

1. 金融立法成果丰硕

近年来，我国金融立法成果丰硕，法律体系日益完备，以高质量立法促进金融业健康发展。[1] 例如，《证券法》的修订全面推行证券发行注册制、提高证券违法成本、完善投资者保护制度等，促进资本市场高质量发展。《中华人民共和国期货和衍生品法》的出台，填补了期货市场和衍生品市场的法律空白，为市场

---

① 邓建鹏，李铖瑜.我国金融稳定法治建设的困境与改进之策[J].陕西师范大学学报(哲学社会科学版)，2024（2）：55-66.

参与者提供了明确的法律指引。此外，《存款保险条例》的实施，为保护存款人利益、维护银行体系稳定提供了有力保障。这些法律法规的出台和修订，为金融市场的稳定和发展奠定了坚实的法治基础。金融执法工作机制优化，金融执法工作机制持续优化，执法力度不断加大，执法水平显著提高，金融秩序得到切实维护。金融监管部门通过加强执法队伍建设、完善执法程序、提高执法透明度等措施，确保金融市场的公平、公正和有序。同时，通过加大违法违规行为的处罚力度，提高了金融市场的合规水平，保护了投资者的合法权益。

2. 金融司法迈上新台阶

金融司法作为保障金融市场健康有序运行的重要力量，在近年来得到了显著加强。随着金融市场的快速发展，金融案件数量和复杂性不断增加，这对金融司法提出了更高的要求。为了应对这一挑战，我国金融审判体制改革深入推进，金融司法服务保障更加有力，推动形成公正、高效的金融司法环境。例如，上海金融法院的设立，专门处理金融纠纷案件，显著提高了金融案件的审判效率和专业化水平。这不仅加强了金融案件的审理质量，也为金融市场提供了更加明确和统一的法律适用标准，增强了金融市场的法律预期。此外，金融司法机关通过完善司法解释和指导案例，进一步明确了金融市场的法律规范，为金融创新提供了法治保障，同时也为金融机构和投资者提供了更加清晰的法律指引。

金融司法的这些进步，不仅提升了金融法治的公信力和效率，也为金融市场的稳定和健康发展提供了坚实的法治保障。

3. 金融法治宣传教育成效显著

金融法治宣传教育在提升公众金融法律意识和风险防范能力方面发挥了重要作用。通过开展多种形式的金融法治宣传教育活动，如金融知识进校园、进社区、进企业等，公众对金融产品和服务的认知能力得到提高，金融风险防范意识得到加强。金融机构也加强了内部法治建设，提高了依法经营的水平。例如，上海银行宁波分行积极响应监管部门号召，以"金融为民谱新篇守护权益防风险"为活动口号，深入开展金融教育宣传活动，加大宣传下沉力度，打通金融教育宣传"最后一公里"。[①] 这些活动的开展，不仅提升了金融消费者的自我保护能力，也为

---

① 李肇宁. 多方合力，打赢金融反诈攻坚战 [J]. 中国信用卡，2023（12）：11-14.

金融市场的稳定运行提供了有力支撑，营造了良好的金融法治氛围。通过持续的金融法治宣传教育，金融机构依法合规经营意识进一步增强，全社会金融法治观念和守法自觉性不断加强，金融法治环境持续向好。

（四）金融科技监管成效显著

1. 金融科技发展规划的实施

中国人民银行发布的《金融科技发展规划（2022-2025 年）》明确了金融科技发展的总体要求、重点任务和实施保障，强调了金融科技治理体系的健全、数据要素潜能的释放、金融服务提质增效等方面。这一规划的实施，不仅为金融科技的发展提供了明确的路线图，还强调了金融科技在服务实体经济、促进普惠金融发展中的重要作用。通过推动金融与科技的深度融合，规划旨在构建一个更加智能、高效、安全的金融服务体系，以适应数字经济时代的发展需求。

2. 金融科技监管政策持续完善

金融科技发展规划、数字化转型指导意见等规划深入落地实施，行业监管规则、标准规范持续健全，金融科技创新监管工具、资本市场金融科技创新试点等沙盒机制不断深化，证券业信息技术系统服务备案、移动金融 APP 自律备案等工作有序推进，为金融科技高质量发展和高水平安全营造了良好的政策环境。

3. 金融科技创新监管工具的深化

金融科技创新监管工具如沙盒机制的实施，为金融科技创新提供了安全、可控的测试环境，允许在监管机构的监督下进行创新尝试，确保创新活动不会对消费者和金融市场造成不可接受的风险。这种机制有助于在保护消费者权益的同时，鼓励金融机构和科技企业进行创新，推动金融产品和服务的更新换代。通过沙盒测试，监管机构能够更好地理解新兴技术的潜在风险和收益，从而制定更为有效的监管政策。

4. 金融科技监管规则的健全

随着金融科技的快速发展，行业监管规则和标准规范不断完善，为金融科技提供了明确的监管框架和操作指南，确保金融科技活动在合法合规的轨道上运行。这些规则涵盖了数据保护、消费者权益、市场准入、风险管理等多个方面，旨在促进金融科技的健康有序发展，同时防范潜在的金融风险。

5. 对数字化转型的指导意见

《银行业保险业数字化转型的指导意见》的出台，为银行业和保险业的数字化转型提供了指导，推动了金融服务的数字化、智能化，提升了金融服务的质量和效率。这一指导意见鼓励金融机构利用数字技术优化业务流程、提高服务效率、创新金融产品和服务。通过数字化转型，金融机构能够更好地满足客户需求，提升客户体验，同时提高自身的竞争力。

6. 证券业信息技术系统服务备案制度

证券业信息技术系统服务备案的推进，加强了对证券业信息技术系统的监管，提高了系统的安全性和稳定性。通过备案制度，监管机构能够更好地了解证券公司的技术系统状况，确保这些系统能够抵御网络攻击和其他安全威胁，保护投资者的信息安全和资金安全。

7. 移动金融 APP 自律备案

移动金融 APP 自律备案的实施，规范了移动金融 APP 的运营，保护了消费者的信息安全和合法权益。[①] 随着智能手机的普及，移动金融 APP 已成为人们日常生活中不可或缺的一部分。通过自律备案，金融机构需要确保其 APP 符合相关的安全标准和隐私保护要求，为用户提供安全、可靠的金融服务。

（五）消费者保护

金融消费者保护机制在不断加强，监管机构通过制定相关政策和措施，显著提高了金融消费者的权益保护水平。这些措施主要体现在以下四个方面：

1. 制度建设与法规完善

监管机构制定和完善了金融消费者权益保护的法律法规，如《中国人民银行金融消费者权益保护实施办法》，明确了金融机构在提供金融产品和服务时应遵循的原则和应承担的责任，规定金融机构必须遵循自愿、平等、公平、诚实信用的原则，切实承担金融消费者合法权益保护的主体责任。此外，金融机构建立健全金融消费者权益保护的各项内控制度，包括金融消费者权益保护工作考核评价制度、消费者金融信息保护制度、金融产品和服务信息披露、查询制度等。这些

---

① 韦彪.地方法人金融机构开展移动金融 App 备案的实践与思考［J］.中国信用卡，2023（10）：71-73.

法规为金融消费者提供了法律保障，确保了他们的合法权益不受侵害。

2. 信息披露与透明度提升

强化了金融机构的信息披露要求，确保金融消费者能够及时、准确、全面地获取金融产品或服务的重要信息，包括风险提示。监管机构要求金融机构以通俗易懂的语言向消费者披露产品信息，充分提示风险，不得发布夸大产品收益、掩饰产品风险等欺诈信息。

3. 消费者教育与金融素养提升

监管机构为了提升金融消费者的金融素养和诚实守信意识，采取了一系列措施。监管机构推动金融知识的普及和金融消费者教育，提高消费者对金融产品和服务的认知能力。金融机构有责任通过多种方式将金融知识普及类、金融风险提示类信息有效送达消费者。例如，通过年度的"金融知识普及月"活动，普及基础金融知识，提升消费者对金融产品的认识和风险防范意识。监管机构还鼓励金融机构开展金融消费者教育，帮助消费者提高辨别能力，识别金融诈骗和风险。这包括针对青少年和老年人群体的教育计划，因为他们通常是金融诈骗的主要目标。通过这些教育活动，消费者可以更好地理解金融产品的风险和收益，避免陷入金融陷阱。

4. 投诉处理与维权机制

监管机构已经建立了一套完善的金融消费者投诉处理机制，以确保消费者的投诉能够得到及时和公正的处理。根据《中国人民银行金融消费者权益保护实施办法》，金融机构必须在其内部建立多层级的投诉处理机制，并且完善投诉处理的程序。这些金融机构被要求建立投诉办理情况查询系统，这样消费者可以轻松跟踪他们的投诉处理进度。

监管机构的目标是通过这些措施提高投诉处理的质量和效率，并接受社会的监督。此外，监管机构还鼓励金融机构开展金融消费者教育活动，帮助消费者提高辨别能力，避免陷入金融诈骗的陷阱。为了提高透明度和效率，监管机构还推动了金融消费者保护服务平台的建设，如官方版的金融投诉平台"金融消费者保护服务平台"，该平台提供投诉处理和纠纷调解两项功能，消费者可以通过该平台提出投诉和调解诉求，银行保险机构、调解组织将在平台受理相关诉求，消费者可以通过接收短信通知、查询处理进度等方式，了解办理情况。监管机构还强调了金融机构在处理消费投诉时应当核实投诉人身份，保护投诉人信息安全，并且依法保护国家秘密、商业秘密和个人隐私不受侵犯。

这些措施共同构成了一个全面的消费者权益保护框架，旨在确保金融消费者的投诉得到妥善处理，并增强消费者对金融系统的信任。通过这些措施，监管机构不仅增强了金融消费者的安全感，也促进了金融市场的健康发展。这些努力旨在构建一个更加公平、透明、安全的金融环境。

（六）国际合作

在全球化的背景下，我国金融监管体系积极参与国际金融监管合作，推动了跨境金融监管的合作与发展。以下从四个方面是对我国金融监管体系在国际合作方面进行分析：

1. 国际监管标准的实施

我国在实施国际监管标准方面，通过将国际金融监管标准转化为国内法规，确保了其在国内得到有效执行。[①] 我国积极参与国际监管改革，如金融稳定理事会（FSB）的实施监测协调框架（CFIM），以监督和评估国际标准的实施情况。此外，我国还通过金融标准化"十四五"发展规划，推动金融标准供给体系持续优化，强化金融标准在法规政策制定和执行中的作用。通过这些措施，我国不仅提升了自身的金融监管能力，也为全球金融稳定和监管合作做出了积极贡献。

2. 跨境金融监管合作的发展

我国在跨境金融监管合作方面已经取得了一定的进展。我国与多个国家和地区的监管机构签署了双边监管合作协议，通过谅解备忘录、监管对话和技术援助等方式，增强了跨境金融机构的监管效能。

我国积极参与国际货币基金组织（IMF）、世界银行、金融稳定委员会（FSB）等国际组织的金融监管活动，推动国际金融监管标准的制定和实施。在区域层面，我国通过参与东盟+3（中国、日本、韩国与东盟）的清迈倡议多边化协议等，加强了区域金融安全网的建设。

---

① 刘真.国际金融稳定法律机制研究［M］.湖北：武汉大学出版社，2013：97-100.

3. 国际金融治理的参与

我国在国际金融治理中的作用日益重要。通过积极参与国际金融监管改革，推动建立更加公正合理的国际金融秩序。中国通过深入参与二十国集团（G20）等多边治理议程，在国际货币体系改革、绿色发展等重要议题方面积极贡献中国智慧。中国与多个国家和地区签署双边本币互换协议，扩大人民币在跨境贸易和投资中的使用，加强区域金融安全网。

中国积极参与国际金融规则的制定，提升国际话语权、推动人民币国际化和金融开放，为全球金融治理贡献中国力量。通过建立亚洲基础设施投资银行（亚投行）和其他新开发银行，中国积极参与全球金融治理，推动全球金融体系向更加公正合理的方向发展。

二、改革建议与实施策略

金融改革与策略旨在提升金融监管效能，确保金融市场稳定，促进金融行业高质量发展。

（一）强化监管立法和制度建设

强化监管立法和制度建设是确保金融市场稳定和保护消费者权益的重要措施。为实现这一目标，提出四个方面的具体改革建议和实施策略。

1. 明确监管目标与职责

监管体系的核心是保障公平竞争、保护消费者利益和维持金融稳定。监管政策应与宏观调控、经济发展和金融行业的发展明确区分，避免因临时的宏观调控而改变监管政策或执行方式。这有助于确保监管的连续性和稳定性，同时使金融机构能够明确预期并据此制定长期战略。

2. 提高微观审慎监管标准

监管机构需要加强对金融机构的日常业务经营的常规化、动态化监管。监管应从指标监管和事后监管转变为更加主动和预防性的风险管理，确保金融机构的稳健运行。这包括实施更为严格的资本充足率要求、流动性覆盖率和杠杆率限制，以及加强风险评估和压力测试。

3. 建立监管问责制度

建立监管问责制度，确保监管政策的落地与执行。对于监管缺失导致的金融风险，监管部门应承担相应责任。同时，应明确依法取缔非法金融活动的部门和程序。这有助于提高监管的有效性和权威性，确保金融市场的公平和透明。

4. 加强监管制度建设

随着金融市场的发展，新业态、新业务、新主体不断出现，要求金融立法与时俱进，补齐制度短板，消除监管空白和盲区。加快建章立制，不断扎紧制度"铁篱笆"，为金融监管的落地提供有力保障。这包括制定和完善金融消费者权益保护法、金融稳定法等，以及加强对金融科技和互联网金融等新兴领域的监管。

（二）加强微观审慎监管

提高微观审慎监管标准：加强对金融机构日常业务经营的常规化、动态化监管，及时发现并处置风险点。提高微观审慎监管标准涉及到多个方面，以下是五个关键方面的概述：

1. 强化资本充足率监管

为了提高金融系统的稳健性，监管机构通过改进资本充足率的计算方法，确保金融机构拥有足够的资本来吸收潜在的损失。这包括优化风险加权资产的计算方法，扩大资本覆盖的风险范围，以及提高资本充足率的监管要求。引入逆周期资本监管框架，包括留存超额资本和逆周期超额资本，旨在平滑经济周期对银行资本水平的影响。此外，对系统重要性银行提出附加资本要求，以反映其在金融系统中的重要地位和潜在的系统性风险。

2. 改进流动性风险监管

流动性风险监管的改进旨在确保金融机构能够在不同市场条件下及时满足资金需求。监管机构建立了包括流动性覆盖率（LCR）和净稳定资金比例（NSFR）在内的多维度监管标准和监测指标体系。这些指标帮助金融机构评估和管理短期内的流动性风险，并要求它们维持足够的优质流动性资产以应对潜在的资金流出。监管机构还鼓励金融机构加强流动性风险管理，合理匹配资产负债的期限结构，以增强其在面对流动性压力时的韧性。

3. 强化贷款损失准备监管

贷款损失准备监管的强化有助于金融机构合理评估和管理信贷风险。监管机构建立了贷款拨备率和拨备覆盖率的监管标准，并要求金融机构根据经济发展的不同阶段、贷款的不同质量和银行的盈利状况进行动态调整。这种差异化调整方法确保了贷款损失准备监管要求的适应性和有效性，同时也鼓励了更为审慎的贷款管理和风险控制。

4. 增强系统重要性银行监管有效性

系统重要性银行（SIBs）由于其规模、复杂性和与其他金融机构的关联性，可能对整个金融系统的稳定构成威胁。监管机构明确了SIBs的定义，并提高了对这些银行的审慎监管要求，包括更高的附加资本要求、更严格的流动性监管要求和大额风险暴露限制。此外，监管机构还强化了对SIBs的持续监管和监管合作，以确保这些银行的稳健性，减少其可能对金融系统造成的系统性风险。

5. 深入推动新资本协议实施工作

《新资本协议》（《巴塞尔协议Ⅲ》）的实施旨在加强银行业的风险管理能力。监管机构推动银行业金融机构实施新资本协议，强化风险管理，提升资本和风险加权资产的科学计量与评估。这包括构建全面风险管理框架，健全内部资本评估程序，确保资本水平与风险状况和管理能力相适应。通过这些措施，监管机构旨在提高银行资本的质量，增强其吸收损失的能力，从而提高整个金融系统的稳定性和健康性。

通过这些措施，可以加强对金融机构日常业务经营的常规化、动态化监管，及时发现并处置风险点，提高金融系统的稳定性和抗风险能力。

（三）强化监管问责

建立监管问责制度，确保监管政策落地执行，明确依法取缔非法金融活动的部门和程序。

1. 明确监管责任和程序

监管机构需构建一个清晰的责任体系，使得每一项监管任务都有明确的执行主体和监督主体。通过制定详尽的监管操作流程，包括但不限于风险的识别、评估、监控及处置等关键步骤，确保监管活动有法可依、有章可循。此外，监管程序的明确化有助于提升监管决策的可预测性和一致性，减少监管套利的空间。

2. 强化监管执法和问责

监管机构必须加强对监管执法活动的监督，确保所有监管行为都严格依照法律法规进行。对于监管执行中的失职、执法不严或推诿责任等行为，应建立严格的问责机制，通过纪律和法律手段进行追责，以此提升监管的力度和权威，确保金融市场秩序的稳定。

3. 提升监管透明度和公信力

监管机构应致力于提高监管工作的透明度，通过定期公布监管报告、程序和结果，让公众能够充分了解监管活动的细节和效果。同时，建立公众参与监管的渠道，比如公众咨询、反馈机制等，这不仅能够提高公众对监管工作的信任度，还能够利用社会力量加强对监管行为的监督。

4. 加强监管协调和合作

在当前金融业务多元化和复杂化的背景下，跨部门和跨区域的金融活动日益频繁，因此需要建立有效的监管协调机制。通过信息共享、联合执法等方式，实现不同监管机构之间的协同合作，以提高监管的效率和效果，更好地应对和处理金融风险。

5. 提高监管人员的专业能力

监管机构应重视监管人员的专业能力培养，通过定期的培训和教育，提升其对金融市场、金融产品和金融风险的理解。同时，通过引进和培养专业人才，提高监管团队的专业水平，确保监管人员能够准确识别和评估新兴金融产品和服务的风险，有效执行监管政策。

（四）加强央地监管协同

通过加强央地监管协同，强化信息交流共享和重点任务协同，确保金融监管的统一性和有效性。

1. 加强信息交流共享

通过建立和完善金融消费者权益保护工作协调机制和金融消费纠纷多元化解机制，压实金融机构主体责任，推动构建责任清晰、高效顺畅的消保工作体系。同时，建立健全政策落实跟踪评估机制，开展调研，及时掌握市场主体和金融机构经营行为变化，了解各项政策落地过程中的问题和堵点，有针对性地提出意见和建议，协调各方加以解决，打通中央政策传导"最后一公里"。

2. 强化重点任务协同

金融监管总局将紧紧围绕强监管严监管，坚决做到"长牙带刺"，持续提升监管的前瞻性、精准性、有效性和协同性。全面强化"五大监管"，严格执法敢于亮剑，深入整治金融市场乱象，聚焦影响金融稳定的"关键事"、造成重大金融风险的"关键人"、破坏市场秩序的"关键行为"，把板子真正打准、打痛。

3. 确保金融监管的统一性和有效性

实现金融监管全覆盖，是全面加强金融监管的必然要求。金融监管总局将在中央金融委员会的统筹领导下，协同构建全覆盖的金融监管体制机制，做到同责共担、同题共答、同向发力，确保监管无死角、无盲区、无例外。

4. 提升监管质效

金融监管总局成立以来，系统改革组织架构，整合优化资源配置，探索改进监管方式，努力为全面提升监管质效奠定良好基础。下一步，将紧紧围绕强监管严监管，坚决做到"长牙带刺"，持续提升监管的前瞻性、精准性、有效性和协同性。

5. 构建央地监管协同机制

在坚持金融管理主要是中央事权的前提下，秉持明确职责、协调合作的理念，以提升金融服务实体经济能力、有效防范化解金融风险、深化金融业改革开放为目标，金融委办公室地方协调机制自 2020 年初建立以来，围绕金融体系核心任务开展工作，中央和地方金融监管协调的力度及有效性增强，协调理念植入金融工作各环节，地方金融监管的薄弱部分正在改善，运行情况总体符合预期目标。

（五）防范打击非法金融活动

要加强保持高压态势，加强对非法集资等非法金融活动的打击力度。

1. 保持高压态势

金融监管总局将依法将所有金融活动全部纳入监管，消除监管空白和盲区，严厉打击非法金融活动。这包括非法集资、金融诈骗、虚假宣传、非法放贷、地下钱庄等，这些活动往往披着高收益、低风险的外衣，实则暗藏巨大风险。监管总局将通过强化监管、严格执法、公开曝光等手段，形成有效震慑，保护人民群众财产安全，维护金融市场秩序。

2. 加强非法集资等非法金融活动的打击力度

金融监管总局将组织开展打击非法集资攻坚战，聚焦重点地区、重点领域、重点案件及关键环节，会同公检法等部门，对非法集资风险实施集中打击处置、精准拆弹。通过充分掌握问题线索，及早发现风险隐患，有效处治重大案件，保护人民群众财产安全，维护社会稳定。

3. 强化科技赋能

金融监管总局将依托科技手段推进线上不间断监测预警，升级打造国家非法金融活动监测预警平台，以国家平台为枢纽，以省级平台为主体，强化信息互联互通，健全完善全国监测预警体系。同时，推动常态化开展线下摸排，充分发动基层网格员、社区工作人员等力量，持续开展非法金融活动隐患线索排查。

4. 持续高压严打

金融监管总局将与各方一道，对非法集资等非法金融活动继续保持高压严打态势。规范有序开展行政处置，依据相关法律法规，充分发挥地方处非部门早期介入功能，打早打小，有效防止风险蔓延扩大。组织开展打击非法集资攻坚战，严肃处理违法违规第三方中介机构，强化监审联动、行刑衔接、纪法贯通，切实提高违法违规成本。

5. 深化源头治理

金融监管总局将会同有关部门，继续强化重点关口管理，提升治理成效。把好市场准入关，金融是特许经营行业，任何人都不能"无照驾驶"。未经依法批准，一般工商企业不得在名称或经营范围中使用"金融""理财""财富管理"等涉金融字样，不得擅自开展金融业务。把好广告治理关，落实相关部门、媒体及发布平台责任，严禁金融机构以外的机构、组织和个人发布任何集资、融资类广告，及时阻断非法金融活动传播渠道。

（六）支持负责任的金融创新

要充分利用数字技术为监管赋能，同时增加监管资源投入，提升监管能力。

1. 利用数字技术提升监管透明度和效率

数字技术如大数据分析、人工智能和区块链，为金融监管带来了革命性的变化。大数据分析能够处理和分析海量数据，帮助监管机构及时发现和预防金融风险。人工智能通过机器学习算法，可以对交易模式进行分析，有效识别洗钱和欺诈行为，提高监管的精准度和效率。区块链技术则通过其不可篡改和可追溯的特性，增强了交易记录的透明度，为监管机构提供了一个可靠的监管工具，确保金融市场活动的透明和公正。

2. 增加监管资源投入，提升专业技能

随着金融科技的快速发展，监管机构面临着前所未有的挑战。为了有效应对这些挑战，监管机构需要增加资源投入，包括资金、技术和人力资源。这包括招聘具有金融科技背景的专业人才，提供持续的培训和教育，以及投资于先进的监管技术。通过这些措施，监管机构能够更好地理解新兴金融产品和服务，有效应对金融科技带来的挑战。

3. 推动监管科技（RegTech）的发展

监管科技（RegTech）是指利用技术手段来优化和自动化监管合规过程。通过发展监管科技，监管机构可以更有效地管理合规要求，减少人为错误，提高合规效率。例如，通过自动化报告系统，金融机构可以更容易地向监管机构提交必要的报告和数据，而监管机构也可以利用这些技术来自动化合规检查和监控，从而提高监管的效率和效果。

4. 鼓励创新与监管的平衡

监管机构在制定监管政策时，应该在鼓励创新和保护消费者之间找到平衡点。一方面，要为金融科技企业提供一个公平竞争的环境，鼓励他们开发新的产品和服务；另一方面，要确保这些创新不会带来系统性风险，保护消费者免受欺诈和其他金融犯罪的侵害。通过建立一个灵活的监管框架，可以在不抑制创新的前提下，确保金融市场的稳定和安全。

（七）推进国家金融安全建设

要设立金融风险处置基金，依靠市场方式取代政府的隐性担保，防范与化解系统性金融风险。

1. 设立金融风险处置基金

设立金融风险处置基金是构建国家金融安全网的重要措施之一。这种基金通

常由政府设立，目的是在金融系统出现重大风险时提供必要的资金支持，以防止风险扩散引发系统性金融风险。基金的来源可以是金融机构的缴费、政府拨款或其他合规渠道，其使用严格遵循市场化、法治化原则，确保在关键时刻能够有效介入，保护金融系统的稳定。同时，基金的设立和运作应坚持公开透明，确保资金的有效使用和监管。

2. 依靠市场方式取代政府隐性担保

政府隐性担保长期以来被认为是金融风险积累的一个重要原因。[①] 为了防范和化解金融风险，需要减少对政府隐性担保的依赖，更多地依靠市场机制来决定资源配置。这包括强化市场纪律，让市场参与者根据风险定价，增强金融机构的自我约束能力，以及推动金融机构提高风险管理水平，确保金融活动的可持续性。同时，需要硬化国企与地方政府预算约束，弱化赶超冲动，破除隐性担保和兜底幻觉。

3. 防范与化解系统性金融风险

系统性金融风险是指可能对整个金融系统稳定造成威胁的风险。为了防范和化解这类风险，需要建立有效的风险预警机制，及时发现并处理可能导致系统性风险的因素。同时，还需要完善金融监管体系，提高监管的透明度和有效性，确保金融市场的稳定运行。此外，还需要加强国际合作，共同应对跨国金融风险。

4. 构建国家金融安全网

构建国家金融安全网是确保国家金融稳定的重要措施。这包括建立和完善金融稳定保障基金、存款保险制度、金融市场退出机制等。通过这些机制，可以在金融机构遇到风险时提供必要的支持，防止风险的扩散。同时，还需要加强金融基础设施建设，提高金融市场的透明度和效率，确保金融市场的稳定运行。此外，还需要加强金融法治建设，及时推进金融重点领域和新兴领域立法，为金融业发展保驾护航。

（八）深化改革和扩大开放

国家要积极引导金融机构聚焦主业、降本增效，提升行业发展的可持续性，

---

① 孟世超；王擎.政府隐性担保的测度问题：一个文献述评[J].世界经济，2023（2）：209-240.

同时稳定扩大制度型开放。

1. 引导金融机构聚焦主业

为了提升金融行业发展的可持续性，监管机构应引导金融机构聚焦主业，优化业务结构，减少无效和过剩的金融服务供给。这包括鼓励银行将资金更多地投向实体经济中的科技创新、绿色发展、小微企业等关键领域和薄弱环节，同时压缩非核心业务，提高资本使用效率。通过这种方式，金融机构可以更好地服务于国家战略，同时降低运营成本和风险。

2. 降本增效

金融机构应通过优化内部管理流程、采用新技术、提高自动化水平等方式降低运营成本。[①]例如，利用大数据和人工智能技术提高风险管理的精准度，减少不良贷款的产生；通过线上服务平台减少物理网点的依赖，降低人力成本。此外，加强成本控制，优化资源配置，提高资金使用效率，确保成本效益最大化。

3. 扩大制度型开放

稳定扩大制度型开放是提升金融业国际竞争力的关键。这涉及到推动金融监管体系与国际标准接轨，完善外资银行、保险公司等金融机构的市场准入规则，提高金融市场的开放度和透明度。同时，应积极参与国际金融治理，推动建立更加公平合理的国际金融规则体系。

4. 改革建议与策略

金融改革应以提高金融服务实体经济的效率和质量为核心，加强金融监管，防范金融风险，同时促进金融创新。具体策略包括：深化金融供给侧结构性改革，引导金融机构回归本源、聚焦主业；推动金融机构优化业务结构和增长模式，实现由外延式粗放扩张向内涵精细化管理转变；加强跨境金融监管合作，提高开放条件下的金融管理能力和风险防控能力。

---

① 朱学敏.金融产品方法论［M］.北京：机械工业出版社，2022：316.

参考文献

［1］柳欣.柳欣文集［M］.天津：南开大学出版社，2022.

［2］陈善昂.金融市场学［M］.大连：东北财经大学出版，2022。

［3］周骏.货币银行学［M］.北京：中国金融出版社，2001.

［4］王彩萍；张龙文.国家金融体系结构［M］.广州：广州中山大学出版社，2021.

［5］谭辉雄.金融机构市场退出及其法律问题研究［M］，哈尔滨.哈尔滨工程大学出版社，2011.

［6］殷平生.金融风险管理［M］.西安：西安电子科技大学出版社，2023.

［7］刘真.国际金融稳定法律机制研究［M］.武汉：武汉大学出版社，2013.

［8］ 胡继之.金融衍生产品及其风险管理［M］.北京：中国金融出版社，1997.

［9］张雅琪；渔童；王平作.金融元宇宙［M］，北京：中译出版，2023.

［10］理纯.当代经济解决之道［M］.北京：中国商业出版社，2011.

［11］李有星.地方金融监管立法条文比较与原理［M］.杭州：浙江大学出版社，2020.

［12］刘真.国际金融稳定法律机制研究［M］.湖北：武汉大学出版社，2013.

［13］（美）林捷瑞恩（Lindgren, C. J.）等著，潘康等译.银行稳健经营与宏观经济政策［M］.北京：中国金融出版社，1997.

［14］朱学敏.金融产品方法论［M］.北京：机械工业出版社，2022.

［15］（美）乔舒亚·罗森鲍姆，乔舒亚·珀尔作；刘振山译.投资银行估值杠杆收购兼并与收购IPO［M］，北京：机械工业出版社2022.

［16］贡光禹.衡量经济繁荣和进步的新指标［J］.中外管理导报，1992（1）：28-30.

［17］刘沛佩.证券异常交易行为监管问题研究［J］.金融发展研究，2021（7）：84-89.

［18］杜征征；华猛.完善金融监管透明度的理论与探索——以银行监管当局为例［J］.江苏金融职业技术学院学报，2008（2）：19-21.

［19］伍戈；谢洁玉.论凯恩斯主义的理论边界与现实约束——国际金融危机后的思考［J］.国际经济评论，2016（9）：82-99.

［20］李莉.金融自由化理论的发展演变及其对发展中国家的启示[J].山东经济，2005（11）93-95.

［21］谢平；邹传伟.金融危机后有关金融监管改革的理论综述［J］.金融研究，2010（2）41-17.

［22］曾宝华；吴丁杰.激励相容的金融监管体系的主要架构［J］.广州市经济管理干部学院学报，2007（3）：1-5.

［23］雪琪.资产剥离的动因及绩效分析.天津经济，2024（1）：79-8.

［24］裴勇.养老目标证券投资基金采用FOF投资方式对企业年金投资的启示.清华金融评论，2018（J）：91-9.

［25］孙维章；郭珊珊；佟成生；薛智中.机构投资者持股、产品市场竞争与上市公司违规治理［J］.南京审计大学学报，2022（12）：71-70.

［26］程昊；杨佳铭.信用风险模型的演进与发展［J］.中国金融，2024（13）：91-92.

［27］贾俊英.如何加强存款客户信息保密安全管理［J］.中国银行业2020（6）81-83.

［28］高正达.金融监管人才在监管体制改革下的角色与使命［J］.财讯，2023（7）：41-44

［29］侯成琪；黄彤彤.影子银行、监管套利和宏观审慎政策［J］.经济研究，2020（7）：58-75.

［30］林泰；郑利红.国际证监会组织的作用与局限［J］.经济与管理，2011（1）77-81.

［31］田野；向孟毅.原则监管、规则监管与中国金融监管框架改革[J].经济学研，2019（1）：43-52.

［32］周琪.利益相关者视角下金融支持实体经济对策研究［J］.江苏商论，2017（9）：92-94.

［33］马欢.金融监管框架对金融体系稳定性的作用及局限性分析［J］.金融客2024（7）4-6.

［34］郭品，沈悦.互联网金融对商业银行风险承担的影响：理论解读与实证检

验［J］.财贸经济，2015（10）：102-116.

［35］胡滨.数字普惠金融的价值［J］.中国金融，2016（22）：58-59.

［36］王秀秀.基于自然语言处理的智能聊天机器人开发［J］.微型计算机，2024（3）100-102.

［37］易仁贵.浅析保险数字化对于消费者的积极影响［J］.经济管理，2023（11）167-169.

［38］郑磊.去中心化金融和数字金融的创新与监管［J］.财经问题研究，2022（4）：65-74.

［39］施志晖；王景斌；黄进；余赟.基于区块链的反洗钱名单共享系统设计与研究［J］.现代信息科技，2020（20）：159-162.

［40］康锋莉；李钰盈.公共政策、共同生产与可行能力［J］.工信财经科技，2023（2）：42-52.

［41］崔庆军；王群伟.我国商业银行不良贷款的降低潜力研究［J］.技术经济与管理研究，2012（7）：103-106.

［42］游宇；刘芳正；黄宗晔.宏观审慎政策与经济增长［J］.经济学动态，2022（9）：51-70.

［43］张晓燕，党莹莹，武竞伟.宏观审慎政策与微观审慎监管的协同性研究［J］.宏观经济研究2022（4）23-39.

［44］胡江红.论金融风险监管中的数学模型方法［J］.金融电子化，2000（2）：39-41.

［45］李勇.完善地方政府金融监管与服务体制的思考［J］.新金融世界，2021（8）58-59.

［46］黄全赐.国内小贷公司融资现状和思考［J］.商业文化，2020（5）：34-35.

［47］王敏."双峰监管"模式的发展及对中国的启示［J］.陕西行政学院学报，2016（5）：82-85.

［48］祁妙.混业经营趋势下我国金融监管模式的选择与创新探讨［J］.财经界，2019（12）：15.

［49］陈明辉.我国央地分权的模式及类型［J］，地方立法研究，202（4）：25-43.

［50］李肇宁.多方合力，打赢金融反诈攻坚战［J］.中国信用卡，2023（12）：11-14.